Social Media für Introvertierte

Tanja Bernsau

Social Media für Introvertierte

Erfolgreich sichtbar als leiser
Unternehmer

Tanja Bernsau
Wiesbaden, Deutschland

ISBN 978-3-658-43482-3   ISBN 978-3-658-43483-0   (eBook)
https://doi.org/10.1007/978-3-658-43483-0

Die Deutsche Nationalbibliothek verzeichnet diese Publikation in der Deutschen Nationalbibliografie;
detaillierte bibliografische Daten sind im Internet über https://dnb.d-nb.de abrufbar.

Planung/Lektorat: Imke Sander
Springer Gabler ist ein Imprint der eingetragenen Gesellschaft Springer Fachmedien Wiesbaden GmbH
und ist ein Teil von Springer Nature.
Die Anschrift der Gesellschaft ist: Abraham-Lincoln-Str. 46, 65189 Wiesbaden, Germany

Das Papier dieses Produkts ist recyclebar.

Vorwort: Warum noch ein Buch über Social Media?

„Introvertierte können als Selbstständige nicht überleben. Sie sind zu zurückhaltend, um ihr Business sichtbar zu machen und können sich nicht gut verkaufen. Für leise Menschen ist die Geschäftswelt zu laut."

So äußerte sich vor einiger Zeit ein – ebenfalls selbstständiger – Bekannter mir gegenüber, als ich mit dem Gedanken spielte, mein Angestelltendasein gegen die Selbstständigkeit einzutauschen. Heute stelle ich mir die Frage, ob er damit recht hatte. Ist das wirklich so? Sind wir leisen Menschen nicht in der Lage, als Selbstständige unseren Lebensunterhalt zu verdienen? Muss man dazu zwingend extrovertiert sein?

Hatte ich also keine Chance mit der Selbstständigkeit? War ich zum Scheitern verurteilt?

Das ist nun gut sieben Jahre her. Ich bin immer noch als selbstständiger Social Media Coach aktiv und erfolgreich. So absolut scheint diese Aussage also nicht zu gelten. Gescheitert bin ich nicht. In einem Punkt hatte mein Bekannter allerdings recht. Introvertierte, so sehr sie als Experten in ihrem Fachgebiet glänzen können, tun sich oft schwer damit, ihr Angebot in der „lauten" Welt zu verkünden. Denn die Fachexpertise reicht in der Regel nicht aus, um das Produkt oder die Dienstleistung auch zu verkaufen. Ein Selbstständiger muss sich auch mit den Bereichen Marketing und Sales auseinandersetzen, um sein Produkt auf den Markt zu bringen. Wir müssen sichtbar werden, um neue Kunden zu gewinnen. Um in der Selbstständigkeit auch wirtschaftlich erfolgreich zu sein und es nicht nur als Hobby zu betreiben.

Ich möchte in diesem Buch einen Weg aufzeigen, wie man als leiser Selbstständiger auch auf diesem Gebiet punkten kann. Auf eine ganz eigene Weise, die leise Art. Denn meiner Überzeugung nach klappt das nicht, in dem wir versuchen, uns wie Extrovertierte zu verhalten – denn das werden wir nicht lange durchhalten können. Sondern, indem wir unsere Stärken als Introvertierte einsetzen. Das geht mit „Social Media auf leise Art".

Dieses Buch richtet sich an introvertierte Selbstständige und Unternehmer und die, die es werden wollen. Menschen, die damit hadern, über Kaltakquise Fremde anzurufen, und ihnen ihr Angebot „aufschwatzen" zu müssen (denn so fühlt es sich für uns leise Menschen häufig an). Menschen, die auf Netzwerkveranstaltungen überstimuliert sind und sich nicht in das Small–Talk–Gewimmel stürzen mögen, sondern am liebsten gleich in ein tiefes Gespräch einsteigen wollen.

Vorweggenommen: Mir ist bewusst, dass man all das lernen kann – offline und online netzwerken, Verkaufsgespräche meistern oder Small Talk als eine zielführende Beschäftigung akzeptieren. Für all das kann man sich die notwendigen Fähigkeiten aneignen und auch erfolgreich anwenden. Dennoch möchte ich mit „Social Media auf leise Art" eine Alternative oder zumindest eine Ergänzung aufzeigen, die mit unserer Veranlagung auf einer Wellenlänge liegt, mit der wir räsonieren und die uns deshalb leicht(er) fällt und weniger erschöpft.

Mir ist auch wichtig zu betonen, dass weder Introversion noch Extroversion der Vorzug zu geben ist. Beide Persönlichkeitsausprägungen haben ihre Daseinsberechtigung. Nicht ohne Grund gab es schon in der menschlichen Frühgeschichte Vertreter der eher vorsichtigen, abwartenden Sorte, die vor Gefahren warnten und die Gruppe beschützten, zusammen mit den Risikobereiteren, Wagemutigeren, die sich auf die Jagd nach den wilden Tieren begaben. Beides ist richtig und wichtig, keine Seite ist besser oder schlechter als die andere. Als Gesellschaft, in

Gruppen oder (beruflichen) Teams brauchen wir beide Ausprägungen. Dennoch wird der Schwerpunkt hier auf den Introvertierten und ihren Herausforderungen sowie ihren Stärken liegen. Als Extrem ist dieses Persönlichkeitsmerkmal selten ausgeprägt. Deshalb ist es auch falsch von „dem Introvertierten" oder „dem Extrovertierten" zu sprechen. Bei den Persönlichkeitsausprägungen handelt es sich um eine Skala. Jeder Mensch wird sich auf unterschiedlichen Stellen der Skala einordnen. Ich kenne nicht wenige Introvertierte, die durchaus extrovertierte Züge an den Tag legen. Und so gibt es natürlich auch Extrovertierte mit zum Beispiel einem großen Bedürfnis nach „Alleinzeit". Susan Cain zitierte den Psychologen C.G. Jung, als sie formulierte: Es gibt keinen reinen Introvertierten oder Extrovertierten – der würde im Irrenhaus landen (Cain 2013, S. 30). Dennoch spreche ich in diesem Buch von einem idealtypischen Fall, wissend, dass du als Leser einzelne Aspekte mehr oder weniger zutreffend empfinden wirst.

Und was hat das jetzt mit Social Media zu tun?

Ich bin davon überzeugt: Social Media ist von Introvertierten für Introvertierte gemacht. Auch wenn es heute häufig als eine Plattform der Selbstinszenierung lauter Menschen gilt, so ist es doch ein Instrument, das den leisen Menschen sehr entgegenkommt. Hier kann ich ein Netzwerk aufbauen und pflegen, ohne gleich in Echtzeit interagieren zu müssen. Hier kann ich über mein Gegenüber recherchieren, mir in Ruhe Notizen machen und mich auf die – zunächst asynchronen – Gespräche vorbereiten. Ich kann in meinem Rhythmus meine Botschaften in Form von Beiträgen oder Direktnachrichten erstellen und versenden. Sichtbar werden und gleichzeitig zurückhaltend sein. Das kommt Introvertierten sehr zupass.

Im Folgenden geht es um eine Definition von Introversion, die darin verborgenen Stärken und Talente und wie sie zielführend in Social Media, allen voran der Business Plattform LinkedIn, eingesetzt werden können, um als Selbstständiger erfolgreich zu sein. Dabei wird es nicht im Detail darum gehen, welche Bildgrößen erforderlich sind, oder welche technischen Grundeinstellungen gemacht werden sollen. All das verändert sich viel zu schnell – und ist jederzeit online in der aktuellen

Version recherchierbar. Ich fokussiere mich stattdessen auf die zugrunde liegenden Prinzipien für den Einsatz von Social Media als Introvertierter.

Noch eine grundsätzliche Anmerkung vorweg: In diesem Buch wird aus Gründen des Leseflusses das generische Maskulinum verwendet. Diese Entscheidung dient der besseren Verständlichkeit und soll keinesfalls eine Benachteiligung oder Ausgrenzung bestimmter Geschlechter implizieren. Alle Erwähnungen von Personen, Berufsbezeichnungen und sonstigen Bezeichnungen gelten gleichermaßen für alle Geschlechter.

Inhaltsverzeichnis

Über die Autorin

Dr. Tanja Bernsau ist Mentorin und Coach für introvertierte Solopreneure. Mit ihrer langjährigen Erfahrung im Online-Marketing unterstützt sie ihre Kunden dabei, in Social Media sichtbar zu werden und so
neue Kunden zu gewinnen. Seit vielen Jahren selbst eine Solopreneurin
weiß sie um die Herausforderungen wie auch um die Stärken der leisen
Menschen im Business. Die an der Uni Mainz promovierte Kunsthisto-
rikerin hat nach mehrjähriger Lehr- und Forschungstätigkeit an verschiedenen Hochschulen in Deutschland und Schweden ihren ganz

persönlichen Weg in die Sichtbarkeit über den eigenen Blog und ihre Social-Media-Kanäle gefunden. Denn wenn sie eines nicht wollte, dann dass ihre Forschungsergebnisse nur für ein kleines Fachpublikum zugänglich sind oder gar in der Schublade bleiben. Sichtbarkeit war also gefragt – aber wie, als leiser und zurückhaltender Mensch? Die Online-Veröffentlichungen zeigten schnell Wirkung und brachten Tanja Bernsau auf Vortragsbühnen, zu Podiumsdiskussionen, in die Presse, ins Radio, und auch Fernsehbeiträge entstanden durch diese Online-Präsenz. Diese Erfahrung kommt ihr heute bei der täglichen Praxis mit „Social Media auf leise Art" zugute. Ihr Antrieb ist es, leisen Menschen zu der Aufmerksamkeit zu verhelfen, die sie verdienen.

Abbildungsverzeichnis

1

Was bedeutet eigentlich Introversion?

Zusammenfassung Woran kann man erkennen, ob man introvertiert oder extrovertiert ist? Letztlich lässt es sich auf ein zentrales Element zurückführen. Wenn du eher introvertiert bist, bedeutet das, dass du deine Energie hauptsächlich aus dir selbst ziehst. Du genießt deine Zeit allein oder in kleineren Gruppen mehr als in großen Menschenmengen. Soziale Interaktionen können anstrengend sein und du brauchst danach etwas Zeit für dich, um wieder aufzutanken. Das heißt nicht, dass du schüchtern oder unsozial bist, sondern einfach, dass du deine Ruhephasen schätzt und lieber in deinem eigenen Kopf abtauchst. Introversion ist wie der "Energiesparmodus" für deinen sozialen Akku. In diesem Kapitel gehen wir auf unterschiedliche Modelle sowie auf die Stärken und Herausforderungen von introvertierten Menschen ein.

Wenn du dich selbst als introvertierten Mensch verstehst, weißt du vermutlich, wovon ich spreche. Für alle anderen möchte ich, bevor wir zu des Pudels Kern kommen, eine kurze Definition des Begriffs „Introversion" geben.

Introversion ist ein Persönlichkeitsmerkmal, das im Wesentlichen durch den Energiehaushalt eines Menschen bestimmt wird. Introver-

T. Bernsau, *Social Media für Introvertierte*,
https://doi.org/10.1007/978-3-658-43483-0_1

tierte Menschen ziehen ihre Energie aus ihrem Innenleben, ihren eigenen Gedanken und Vorstellungen, während extrovertierte Menschen
Reize aus der Umwelt benötigen, um ihre Akkus zu laden.
Das Konzept der Persönlichkeitsmerkmale „Introversion" und „Extraversion" (übrigens auch als Extroversion bekannt) ist rund 100 Jahre
alt und wurde erstmals vom Schweizer Psychiater C.G. Jung 1921 als
psychologische Merkmale eingeführt. Jung beschreibt dabei die introvertierten Eigenschaften wie folgt (Jung, 1921):

• **introvertiertes Denken** schafft Theorie um der Theorie willen und
  ist wenig praktisch veranlagt.
• **introvertiertes Fühlen** ist schwer zugänglich und oft hinter einer banalen oder kindlichen Maske versteckt.
• **introvertiertes Empfinden** führt zu charakterbedingten Ausdruck-
  serschwerungen. Die Personen sind oft ruhig und passiv.
• **introvertierte Intuition** kommt bei Menschen vor, die sich für die
  Hintergrundvorgänge des Bewusstseins interessieren.

Ob man heute noch allen Ausführungen Jungs so zustimmen mag, sei
dahingestellt, aber er gilt als der erste Wissenschaftler, der diese Persönlichkeitsausprägung so erkannte und benannte. In den folgenden Jahr-
zehnten hat sich die Erforschung der menschlichen Psyche und der Persönlichkeiten bedeutend weiterentwickelt. Weitere Forscher haben sich
aus verschiedenen Blickwinkeln mit diesem Thema beschäftigt. Populärwissenschaftliche Bedeutung und damit auch eine breitere Aufmerksamkeit erhielt das Thema mit dem Auftreten von Susan Cain und ihrer
ersten Veröffentlichung (Cain, 2013; Still (im Original „Quiet")), die
ihre Erfahrungen mit ihrer eigenen Introversion der Öffentlichkeit prä-
sentierte. Legendär geworden ist ihr TED-Vortrag aus dem Jahr 2012,
der ihren Weg, die eigene Introversion als die ihr innewohnende Stärke
zu akzeptieren, pointiert zusammenfasst – ein lebender Beweis dafür,
dass auch leise Menschen auf der Bühne mehr als erfolgreich sein können (TED-Talk, 2012).
Im deutschsprachigen Raum ist es vor allem Sylvia Löhken, die eine
Lanze für das Thema bricht und bisher etliche sehr lesenswerte Publi-

kationen dazu veröffentlicht hat, wenn du das Thema vertiefen willst (siehe Literaturverzeichnis). Auffallend ist, dass es aber verhältnismäßig wenig populärwissenschaftliche Veröffentlichungen für Introvertierte und ihre Herausforderung im Beruf und im Alltag gibt – diese Publikation möchte diese Lücke ein wenig füllen.

Wie wird also heute Introversion verstanden? Wichtig zu betonen ist, dass es sich hierbei um ein Persönlichkeitsmerkmal auf einer Skala handelt (siehe Abb. 1.1) Wenige Menschen sind „rein introvertiert" oder „rein extrovertiert". Die meisten Menschen tragen Elemente beider Seiten in sich, manchmal auch situationsabhängig oder auch von der Tagesform gesteuert. So gibt es auch leise Menschen, die gerne auf die Bühne gehen, Vorträge halten, Workshops moderieren und glücklich von vielen Menschen umgeben sind, die aber zu Hause dann abschalten müssen, um wieder Energie zu tanken.

Introversion ist nicht einfach nur Schüchternheit oder Zurückhaltung. Es handelt sich vielmehr um eine spezielle Art der Verarbeitung von Informationen und um eine Vorliebe für Ruhe und Zurückgezogenheit. Als Introvertierter ziehst du deine Energie aus dir selbst und dem Alleinsein mit dir. Oft hast du auch eine besondere Sensibilität für deine Umgebung. Du tauchst tief in Gedanken ein und findest Inspiration in der Stille. Oder, um erneut Susan Cain zu Wort kommen zu lassen: „Introversion ist nach Innen gerichtete Aufmerksamkeit" (Cain, 2013, S. 27). Diese Merkmale sind keine Schwäche, sondern einzigartige Eigenschaften, die dich als Person und auch als Unternehmer bereichern.

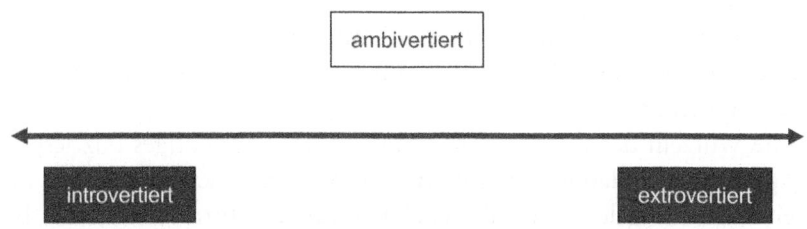

Abb. 1.1 Skala der Persönlichkeitsmerkmale „Introversion – Extroversion"

Energie von innen oder von außen? Woran kannst du erkennen, dass du introvertiert bist? Oder auch, ob dein Gegenüber introvertiert ist? Das ist nicht so einfach von außen erkennbar, denn die Grenzen sind fließend. Und es kann sich je nach Situation oder auch Tagesform ganz unterschiedlich zeigen.

Die Energiequelle ist das wesentliche Erkennungsmerkmal, auf welcher Seite des Persönlichkeitsspektrums du dich befindest. Introvertierte Menschen ziehen ihre Energie aus ihrem Innenleben. Sie sind gerne mit ihren Gedanken allein, brauchen viel Ruhe. Das Zusammensein mit Menschen inspiriert, aber es erschöpft sie, selbst dann, wenn sie sich in einer für sie angenehmen Umgebung befinden. Dann müssen die Akkus wieder in Stille und in Einsamkeit aufgetankt werden. In einem ruhigen Raum oder in der Natur, aber am liebsten allein und ohne Gespräche. Extrovertierte hingegen brauchen die Stimulation durch das Zusammensein mit anderen Menschen. Den Austausch, das Erlebnis, die Geschwindigkeit. Alleinsein und Stille macht sie eher unruhig und sie sehnen sich nach einer umtriebigen Umgebung. Der Corona-Lockdown hat die Unterschiede zwischen diesen beiden Personengruppen sehr deutlich gemacht: Während die „Extros" kaum abwarten konnten, dass das gesellschaftliche Leben mit Treffen, Restaurantbesuchen, Aufregungen wieder beginnen konnte, waren die „Intros" gar nicht so unglücklich, sich keine Ausreden mehr einfallen lassen zu müssen, wenn sie eine Abendveranstaltung nicht wahrnehmen wollen. Allein mit ihren Gedanken, Büchern und Gesprächen im engeren Familienkreis – das fühlte sich gar nicht so schlecht an.

Eine spannende Frage, die sich in diesem Zusammenhang stellt: Woher kommt Introversion eigentlich? Ist sie etwas, mit dem wir geboren werden oder wird sie durch unser Umfeld geprägt oder gelernt? Und damit verbunden auch die Frage: Kann man Introversion ablegen, wenn man es möchte?

Die Wurzeln der Introversion sind wie ein vielschichtiges Puzzlespiel. Einige Experten glauben, dass gewisse introvertierte Züge bereits in unseren Genen angelegt sind. Es scheint, als hätten Introvertierte ein besonders feinfühliges Nervensystem, das auf äußere Reize intensiver reagiert. Diese angeborene Sensibilität bildet das Fundament für introvertierte Merkmale.

Aber das ist eben nur ein Puzzleteil. Unsere Umgebung, unsere Erziehung und die Menschen um uns herum spielen auch eine große Rolle. Das kann introvertierte Neigungen verstärken oder auch abschwächen. Wächst man in einem introvertierten Umfeld auf, ist man stärker geneigt, das auch als Normalzustand zu akzeptieren und Verhaltensmuster zu übernehmen. Hingegen könnten negative Erfahrungen oder ein Umfeld, das Introvertierte nicht akzeptiert, introvertierte Eigenschaften verstärken oder verbergen. Es gab viele Studien, die versucht haben zu quantifizieren, wie viel von Introversion angeboren ist und wie viel durch unsere Erfahrungen geformt wird. Doch die Vielfalt des menschlichen Verhaltens ist so facettenreich, dass es schwierig ist, genaue Prozentsätze festzulegen. Jeder Mensch ist einzigartig, und die Mischung aus Genetik und Umwelt variiert von Person zu Person.

Was das „Ablegen" von Introversion betrifft, ist es wichtig zu betonen, dass Introversion keine Krankheit ist, die geheilt werden muss. Es ist ein Teil unserer Persönlichkeit und genauso wertvoll wie Extraversion.

1.1 Persönlichkeitsmodelle

Die menschliche Persönlichkeit ist ein faszinierendes und komplexes Gebiet, das Forscher, Psychologen und Interessierte gleichermaßen begeistert. Zwei bedeutende Modelle, die dabei helfen, die Vielfalt der menschlichen Persönlichkeit zu erforschen und zu verstehen, und dabei auch das Merkmal der Introversion berücksichtigen, sind das Big-Five-Modell und das STAR-Modell von Jonathan Cheek. Ich möchte einen kurzen Einblick in diese beiden Persönlichkeitsmodelle geben und ihre Sichtweisen auf die Introversion genauer betrachten.

Das Big-Five-Persönlichkeitsmodell: Eine umfassende Analyse der Persönlichkeit Das Big-Five-Persönlichkeitsmodell, auch als Fünf-Faktoren-Modell bekannt, ist eines der am weitesten verbreiteten Modelle zur Beschreibung der menschlichen Persönlichkeit (Saum-Aldehoff, 2015). Es basiert auf fünf Hauptdimensionen, die die wesentlichen Aspekte der Persönlichkeit erfassen (siehe Abb. 1.2):

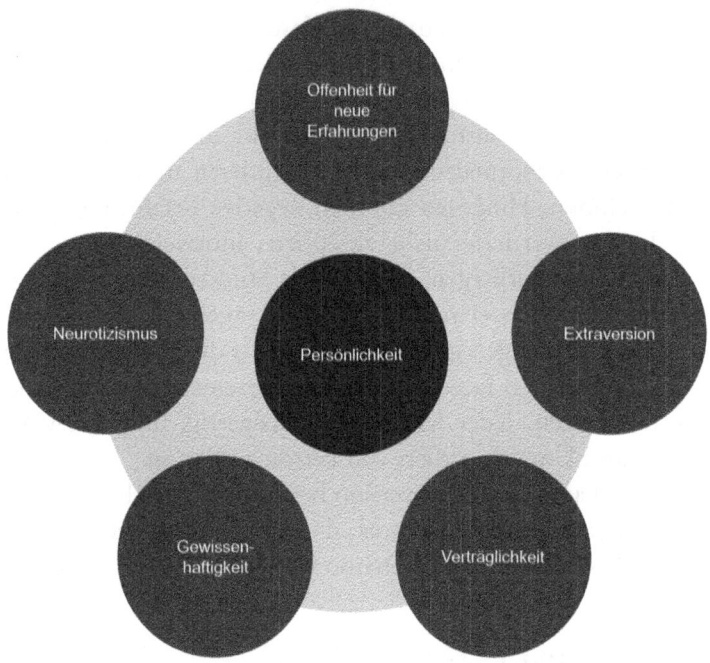

Abb. 1.2 Big-Five-Modell

- **Extraversion:** Diese Dimension beschreibt, wie stark eine Person aus sich heraus geht. Extravertierte Menschen sind gesellig, energiegeladen und neigen dazu, soziale Interaktionen zu genießen. Introvertierte hingegen sind zurückhaltender, bevorzugen ruhige Umgebungen und ziehen es vor, in kleineren Gruppen zu interagieren.
- **Verträglichkeit:** Hier geht es um Empathie, Kooperationsbereitschaft und Freundlichkeit. Menschen mit einer höheren Verträglichkeit sind mitfühlend, kooperativ und suchen nach Harmonie in ihren Beziehungen. Weniger verträgliche Individuen können direkter und manchmal konfrontativer in sozialen Situationen sein.
- **Gewissenhaftigkeit:** Diese Dimension bezieht sich auf Organisation, Zielstrebigkeit und Selbstkontrolle. Menschen mit hoher Gewissenhaftigkeit sind diszipliniert, sorgfältig und neigen dazu, ihre Aufga-

ben gründlich zu erledigen. Menschen mit niedriger Gewissenhaftigkeit können spontaner und weniger strukturiert sein.

- **Neurotizismus:** Auch als emotionale Stabilität oder Labilität bekannt, betrifft diese Dimension die emotionale Reaktion auf Stress und Belastung. Personen mit niedrigem Neurotizismus sind in der Regel ruhiger und gelassener, während Personen mit hohem Neurotizismus anfälliger für Angst, Unsicherheit und Stimmungsschwankungen sind.
- **Offenheit für Erfahrungen:** Diese Dimension spiegelt die Bereitschaft wider, neue Ideen und Erfahrungen anzunehmen. Offene Menschen sind kreativ, neugierig und fantasievoll. Diejenigen, die weniger offen sind, bevorzugen oft Routine und Vertrautes.

Im Big-Five-Modell wird Introversion als Ausprägung der Extraversion-Dimension betrachtet. Extraversion und Introversion sind entgegengesetzte Pole dieser Persönlichkeitsdimension. Introversion wird hier als Fehlen von Extraversion betrachtet, was oft als Kritikpunkt an diesem Modell angeführt wird, setzt es doch die Extraversion als Ideal, als den Basiszustand, den es zu erreichen gilt. Während extravertierte Personen ihre Energie aus der Interaktion mit anderen beziehen und sozial aktiver sind, ziehen introvertierte Personen es vor, ihre Energie in ruhigen, oft alleinigen Aktivitäten wieder aufzuladen. Introvertierte Menschen können als tiefgründig, nachdenklich und einfühlsam wahrgenommen werden. Sie bevorzugen oft tiefere Gespräche und vermeiden oberflächliche Small Talks. Im Gegensatz dazu fühlen sich extravertierte Personen in sozialen Situationen lebendig und erfüllt. Sie werden als energiegeladen, gesellig und optimistisch beschrieben.

Das STAR-Modell von Jonathan Cheek: Eine differenzierte Sicht auf Introversion Das STAR-Modell (Abb. 1.3), entwickelt von Jonathan Cheek, ist ein weiterer faszinierender Ansatz zur Beschreibung von Introversion. Dieses Modell unterscheidet zwischen vier verschiedenen Arten von Introversion:

- **Soziale Introversion:** Diese Form der Introversion zeigt sich in sozialen Situationen. Menschen mit sozialer Introversion ziehen es vor, in

Abb. 1.3 STAR-Modell: Unterschiedliche Typen von Introversion nach Jonathan Cheek et al. (2011)

kleineren Gruppen oder in 1:1-Konversationen zu interagieren, anstatt in großen Menschenmengen. Sie können sich leicht überfordert fühlen, wenn sie zu viel Zeit in überstimulierenden Umgebungen verbringen.

• **Nachdenkliche Introversion:** Hier geht es um die Neigung, in sich selbst gekehrte Gedanken und Reflexionen zu schätzen. Menschen mit dieser Art von Introversion sind oft tiefsinnig, fantasievoll und neigen dazu, viel Zeit allein zu verbringen, um ihre inneren Gedanken zu erforschen.

• **Ängstliche Introversion:** Diese Form der Introversion beinhaltet eine gewisse Unsicherheit und soziale Angst. Menschen mit ängstlicher Introversion können sich unbehaglich fühlen, wenn sie in unbekannten sozialen Situationen sind, und sie neigen dazu, sich Sorgen darüber zu machen, wie sie von anderen wahrgenommen werden.

• **Zurückhaltende Introversion:** Diese Art der Introversion bezieht sich auf die Neigung, sich bewusst aus sozialen Interaktionen zurückzuziehen, um Zeit allein zu verbringen. Dieser Rückzug dient oft dazu, Energie zu tanken und sich von anstrengenden sozialen Ereignissen zu erholen.

Im STAR-Modell wird Introversion als vielschichtiger angesehen, da es die unterschiedlichen Facetten berücksichtigt, die Introversion annehmen kann. Während einige Introvertierte möglicherweise in einer sozialen Umgebung unbehaglich sind, fühlen sie sich möglicherweise in der Welt der Ideen und Reflexionen äußerst wohl.

Sowohl das Big-Five-Modell als auch das STAR-Modell von Jonathan Cheek bieten interessante Einblicke in die Introversion und die Persönlichkeit im Allgemeinen. Während das Big-Five-Modell Introversion als Teil der Extraversion behandelt und sich auf breitere Persönlichkeitsdimensionen konzentriert, bietet das STAR-Modell eine nuanciertere Betrachtung der verschiedenen Ausprägungen der Introversion.

Hochsensibilität Oftmals wird der Begriff der Hochsensibilität mit Introversion in Verbindung gebracht. Geprägt wurde dieser Ausdruck, im Englischen als HSP (Highly Sensitive Person) von der US-amerikanischen Psychologin Eileen Aron. Hochsensible Menschen zeigen oft ähnliche Merkmale wie Introvertierte. Aber was meint Hochsensibilität eigentlich genau? Hochsensibilität und Introversion sind zwei Konzepte, die oft miteinander verwechselt werden, da sie einige Ähnlichkeiten aufweisen, aber dennoch unterschiedliche Aspekte der Persönlichkeit und der Wahrnehmung repräsentieren.

Gemeinsam ist beiden Phänomenen vor allem die Empfindlichkeit gegenüber Reizen. Sowohl hochsensible Menschen als auch Introvertierte können empfindlich auf Reize wie Lärm, Licht und Gerüche reagieren. Sie neigen dazu, diese Reize intensiver wahrzunehmen und können schneller überstimuliert sein als andere.

Ein wesentlicher Unterschied zwischen Hochsensibilität und Introversion liegt in der Grundlage der Reaktion. Hochsensibilität bezieht sich auf die Sensibilität des Nervensystems und die intensive Verarbeitung von Reizen. Introversion hingegen beschreibt, wie eine Person Energie bezieht und wie sie soziale Interaktionen erlebt. Es ist möglich, dass eine Person hochsensibel ist, aber dennoch extrovertiert sein kann. Introvertierte Menschen gewinnen ihre Energie aus ruhigeren, zurückgezogenen Aktivitäten. Sie ziehen es vor, Zeit allein zu verbringen, um sich zu erholen und aufzuladen. Hochsensible Menschen können sich durch ihre intensive Wahrnehmung und Verarbeitung von Reizen schneller erschöpft fühlen und benötigen möglicherweise längere Erholungszeiten, unabhängig von ihrer Introvertiertheit oder Extravertiertheit.

Generell lässt sich eine gewisse Korrelation feststellen zwischen Introversion und Hochsensibilität. Es sind mehr introvertierte Menschen auch hochsensibel als extrovertierte. Aber es ist nicht auf einen der beiden Persönlichkeitstypen beschränkt.

Die Kombination beider Merkmale kann im beruflichen Umfeld, insbesondere als Selbstständiger, sowohl Herausforderungen als auch Vorteile mit sich bringen. Zu den typischen Herausforderungen zählen:

- **Reizüberflutung:** Hochsensible Menschen können in lauten, hektischen Arbeitsumgebungen leicht überstimuliert werden. Dies könnte in einem hektischen Büro oder bei Veranstaltungen auftreten, wo viele Menschen anwesend sind. Selbstständige können jedoch ihre Arbeitsumgebung besser kontrollieren und anpassen, um Reizüberflutung zu minimieren.
- **Einsamkeit:** Sowohl Introvertierte als auch hochsensible Menschen benötigen Zeit allein, um sich zu erholen. Als Selbstständiger kann dies jedoch zu verstärktem Alleinarbeiten führen. Es ist wichtig, ein Gleichgewicht zwischen Alleinarbeit und gelegentlicher sozialer Interaktion zu finden.

Aber es ergeben sich auch Stärken aus dieser Konstitution:

- **Kreativität:** Hochsensible Menschen können aufgrund ihrer intensiven Wahrnehmung von Reizen oft subtile Details und Muster erkennen, die anderen möglicherweise entgehen. Dies kann zu einer erhöhten Kreativität und innovativen Ideen führen, was im unternehmerischen Umfeld von unschätzbarem Wert sein kann.
- **Selbstmotivation:** Introvertierte und hochsensible Menschen neigen dazu, selbstmotiviert zu sein und unabhängig zu arbeiten. Als Selbstständiger können sie ihre Arbeitsweise anpassen, um in Umgebungen zu arbeiten, die ihren Bedürfnissen entsprechen.
- **Tiefgehende Analysen:** Hochsensible Menschen können in der Lage sein, komplexe Probleme tiefgründig zu analysieren und vielschichtige Lösungen zu finden. Dies kann im unternehmerischen Kontext

dazu beitragen, bessere Entscheidungen zu treffen und langfristige Strategien zu entwickeln.

Es ist wichtig anzumerken, dass jeder Mensch ein individuelles Zusammenspiel von Persönlichkeitsmerkmalen hat. Als Selbstständiger, der sowohl introvertiert als auch hochsensibel ist, kannst du Strategien entwickeln, um die Vorteile dieser Eigenschaften zu nutzen und gleichzeitig die damit verbundenen Herausforderungen zu bewältigen. Du kannst deine Arbeitsumgebung auf deine Bedürfnisse anpassen und deine bewussten Erholungszeiten einplanen. Die Selbstreflexion über die eigenen Stärken und Bedürfnisse ist der Schlüssel, um die eigene Persönlichkeit erfolgreich im beruflichen Umfeld einzusetzen.

1.2   Stärken und Schwächen

Introversion, gleich welchen Typus oder Intensität, gilt oft als Schwäche (auf einige Mythen, die vor allem die Business-Welt betreffen, kommen wir gleich noch zu sprechen). Dabei wohnen der Introversion jede Menge Stärken inne. Da Introvertierte ihre Fähigkeiten und Kenntnisse nicht so ins Rampenlicht stellen mögen, werden sie oft unterschätzt – auch von sich selbst. Einige dieser Stärken, die auch für den Business-Kontext eine Rolle spielen, möchte ich hier beleuchten.

Fokus Introvertierte Menschen können sich tief in eine Aufgabe hineinversenken. Eine enorme Stärke, die vor allem dann zum Ausdruck kommt, wenn wir uns mit Themen beschäftigen, die uns interessieren. Im Flow können wir die Zeit um uns herum vergessen und ganz der Aufgabe widmen. Deshalb entwickeln wir oft große Expertise in unserem Fachgebiet, da wir gerne an Themen dranbleiben.

Zuhören Wenn man selbst nicht so viel sagen möchte, sich selbst nicht so sehr in den Mittelpunkt stellt, hat man schon beinahe automatisch die Zuhörerrolle in einem Gespräch inne. Viele Introvertierte sind noch dazu sehr empathisch und können die Stimmung in einem Gespräch sehr feinfühlig wahrnehmen und darauf reagieren. Eine oft unterschätzte Stärke. Denn gerade beim Verkaufen ist das Zuhören, das Herausfinden des Kundenbedürfnisses eine enorm wertvolle Fähigkeit, weit wichtiger als Überredungskünste, Redseligkeit oder die Kenntnis von verkaufspsychologischer Manipulation.

Analytisches Denken Systematisch Herausforderungen lösen, Strukturen aufbauen, Routinen entwickeln – ein „no brainer" für Introvertierte. Da sind sie ganz in ihrem Element und kommen in den Flow. Auch diese Stärke ist als Selbstständiger unbezahlbar. Das eigene Angebot konzipieren (und fortlaufend verbessern), die Marketingstrategie und den Vertriebsprozess organisieren – all diese Aufgaben sind mindestens genauso wichtig wie die eigentliche Arbeit am und mit dem Kunden.

Kreativität Kreativität erfordert Zurückgezogenheit. Die besten Ideen entstehen aus dem Alleinsein. Da Introvertierte das Alleinsein als einen angenehmen Zustand empfinden, können sie sich in dieser Abgeschiedenheit von äußeren Reizen gut konzentrieren und Neues erschaffen. Das gilt sicherlich nicht für alle Introvertierten, aber es lässt sich beobachten, dass auch viele der großen Künstler introvertiert waren, wie Vincent van Gogh, Andy Warhol oder Freddie Mercury. Kreative Menschen, die ihre Werke vor allem in kontemplativen Phasen schufen.

Unabhängigkeit Aus dem Alleinsein ziehen wir unsere Energie. Kaum ein Introvertierter langweilt sich, wenn er allein ist. In aller Ruhe auf unsere Gedanken hören, weitere Ideen spinnen, lesen, mit uns selbst beschäftigen – darin können wir ganz die Zeit vergessen. Wenn man weniger abhängig ist von seinem Umfeld, können wir eigene Ideen entwickeln und außergewöhnliche Wege geben. Das ist gerade für die Frage der Positionierung und des Alleinstellungsmerkmals ein großer Vorteil.

Vorsicht Schon in der frühen Menschheitsgeschichte war es überlebenswichtig, dass es sowohl introvertierte wie extrovertierte Menschen gab. Die Extrovertierten als die eher forschen, mutigeren in der Gruppe gingen die Risiken auf der Jagd ein, erkundeten neue Siedlungsgebiete und waren im Außen orientiert. Wohingegen es genauso wichtig war, dass es die Vorsichtigeren gab, die auf die Gefahren und Risiken hinwiesen. Die vor wilden Tieren, giftigen Pflanzen oder Bedrohung von außen warnten, und damit einen ebenso wichtigen Beitrag für das Überleben der Gruppe hatten. Auch im unternehmerischen Kontext ist Vorsicht von Zeit zu Zeit vonnöten, um unnötige Risiken zu vermeiden.

Qualität Introvertierte bevorzugen Tiefgang gegenüber Oberflächlichkeit. Das kommt insbesondere auch beim Thema Kontaktpflege zum Tragen. Small Talk ist nicht gerade unsere Stärke, aber in tiefen Gesprächen blühen wir auf. Gepaart mit der Fähigkeit des Zuhörens macht das die Introvertierten zu guten Gesprächspartnern, die tiefe Beziehungen zu ihren Mitmenschen aufbauen.

Ruhe In der Ruhe liegt die Kraft – das besagt schon ein Stichwort. Bei den Introvertierten kann der ruhige Eindruck, den er nach außen vermittelt, jedoch täuschen. Auch in ihm kann es brodeln! Aber generell sind Intros auch tatsächlich ruhige Zeitgenossen, die auch in Stresssituation gelassen den Überblick behalten. Das hat vor allem in Gesprächen eine beruhigende Wirkung auf ihre Gegenüber. Diese Ruhe hängt eng mit der Stärke der Vorsicht zusammen. In aller Ruhe und Besonnenheit die Pros und Kontras abzuwägen und überlegtere Entscheidungen zu treffen, liegt oft in der Natur der leisen Menschen. Auch das sind für den Business-Kontext sehr förderliche Eigenschaften.

Welche Rolle diese Stärken für die Online-Sichtbarkeit spielen, sehen wir in Kapitel Abschn. 3.6.

Literatur

Aron, E. (2005). *Sind Sie hochsensibel? Wie Sie Ihre Empfindsamkeit erkennen, verstehen und nutzen.* Mvg.

Cain, S. (2013). *Still: Die Kraft der Introvertierten.* Goldmann.

Cheek, J. et al. (2011): Four Meanings of Introversion: Social, Thinking, Anxious, and Inhibited Introversion, Conference Paper: Society for Personality and Social Psychology at San Antonio.

Jung, C. G. (1921). *Psychologische Typen.* Dtv.

Löhken, S. (2016). *30 Minuten Intro, Extro oder Zentro?* GABAL.
Löhken, S. (2017). *Leise Menschen – gutes Leben. Das Entwicklungsbuch für introvertierte Persönlichkeiten.* GABAL.
Saum-Aldehoff, T. (2015). *Big Five. Sich selbst und andere erkennen.* Patmos.
TEDTalk. (Februar 2012). *Susan Cain: Die Macht der Introvertierten,* TEDTalk. https://www.ted.com/talks/susan_cain_the_power_of_introverts. Zugegriffen: 23. Sept. 2023.

2

Mythen über Introvertierte im Business

Zusammenfassung Introvertierte können trotz oder gerade wegen ihrer ruhigen Natur einen bedeutsamen Beitrag leisten. Zahlreiche prominente Persönlichkeiten aus Wirtschaft, Politik und Wissenschaft zählen sich zu den Leisen. Ihre Kreativität und Genialität entstehen oft aus Zurückgezogenheit, tiefer Kontemplation, Fokus und Hartnäckigkeit. Berühmte introvertierte Persönlichkeiten wie Keanu Reeves, Albert Einstein und J.K. Rowling belegen, dass Introvertierte durchaus auch sichtbar werden können. Trotzdem existieren hartnäckige Mythen über Introvertierte im Business, was viele zögern lässt, sich auch offiziell in diese Kategorie einzusortieren. Es ist entscheidend, die eigene Persönlichkeit zu verstehen und anzunehmen. Diese Erkenntnis hilft, die eigenen Stärken gezielter einzusetzen und Herausforderungen besser zu bewältigen.

Ein übergreifender Gedanke vorneweg: Introvertierte mögen zwar ruhig und zurückhaltend wirken. Aber das bedeutet nicht, dass leise Menschen in der Welt nicht ihren Beitrag leisten können. Von vielen berühmten Persönlichkeiten aus Wirtschaft, Politik oder Wissenschaft ist bekannt, dass sie sich selbst zu den leisen Menschen zählen. Kreativität und Genie entstehen oft durch die Zurückgezogenheit, durch tiefe

© Der/die Autor(en), exklusiv lizenziert an Springer Fachmedien Wiesbaden GmbH, ein Teil von Springer Nature 2024
T. Bernsau, *Social Media für Introvertierte*,
https://doi.org/10.1007/978-3-658-43483-0_2

Kontemplation, durch Fokus, auch durch ein gewisses Maß an Sturheit und Hartnäckigkeit.

Auch Bühne und Rampenlicht sind möglich – nicht wenige berühmte Schauspielerinnen und Schauspieler sind introvertiert. Mit Feinfühligkeit schlüpfen sie in die unterschiedlichsten Rollen und füllen sie aus. Da kommt vielen die intensive Beobachterrolle sehr entgegen, die wir im Alltag oft innehaben. Hier können wir verschiedene Charaktere und Verhaltensmuster studieren, und in der Rolle dann unseren Extro-Anteil ausleben, um danach wieder in die Unsichtbarkeit hinüberzugleiten. Nicht jeder will auch privat zur „Rampensau" werden.

Vielleicht hast du schon mal von dem ein oder anderen Prominenten gelesen, dass er oder sie introvertiert sei. Von diesen Berühmtheiten ist es bekannt, dass sie sich selbst als leise Menschen bezeichnen (Liste ohne Anspruch auf Vollständigkeit): Keanu Reeves, Eleonor Roosevelt, Mark Zuckerberg, Albert Einstein, Al Gore, Barack Obama, Bill Gates, Morgan Freeman, Julia Roberts, Steven Spielberg, Alfred Hitchcock, Freddy Mercury, Warren Buffet, Steve Wozniak, Angela Merkel, Mari Kondo, Jane Goodall, Greta Thunberg, J. K. Rowling, Stephen King, Astrid Lindgren. Ich bin sicher, dass du viele Namen der Liste wiedererkennst – ein Beleg dafür, dass introvertierte Menschen durchaus auch sichtbar werden können.

Aber es gibt einige Mythen, die sich über Introvertierte hartnäckig halten, gerade auch im Business-Kontext, weshalb noch immer etliche Menschen damit hadern, sich selbst in diese Schublade einzusortieren. Dabei ist mir wichtig zu betonen, dass es keine Rolle spielt, ob man sich selbst diese Bezeichnung geben mag oder nicht, oder gar, ob man es öffentlich kundtun möchte. Mir persönlich hat es jedoch sehr geholfen, meiner Persönlichkeitsausprägung einen Namen geben zu können. Diese Erkenntnis führte dazu, dass ich begreifen konnte, dass ich nicht „falsch" bin, weil ich mich anders verhalte als meine Mitschüler, Kollegen oder andere Selbstständige. Ich konnte erkennen, dass es völlig normal ist, dass ich gerne mit mir allein bin und dass es vor allem nicht wenigen anderen Menschen ganz genauso geht. Diese Einsicht hat mich sehr befreit. Seitdem kann ich meine Stärken viel gezielter einsetzen und bin mir meiner Herausforderungen deutlicher bewusst. Vielleicht geht es dir ähnlich.

2.1   Introvertierte sind schüchtern

Wir alle brauchen soziale Kontakte. Auch wenn der moderne Mensch nicht mehr wie in der Steinzeit seine Gefährten zum Überleben braucht, so ziehen wir auch heute noch wertvolle Impulse aus dem Zusammentreffen mit anderen Menschen. Gerade auch im Berufsleben. Der Mensch ist nicht dafür geschaffen, ein einsamer Wolf zu sein. Auch deshalb wirken Introvertierte in ihrem leisen und zurückhaltenden Wesen auf andere ungesellig oder gar asozial und werden deshalb oft argwöhnisch betrachtet.

Ein Mythos, mit dem ich selbst häufig konfrontiert wurde: Leise Menschen gelten als schüchtern. Ein weit verbreiteter Irrglaube, sind doch die Symptome so ähnlich. Sowohl introvertierte wie auch schüchterne Menschen vermeiden den Kontakt zu Menschen. Beide wird man seltener in großen Menschenmengen antreffen. Beide sind nicht die, die direkt auf neue Kontakte zusteuern, sondern sich beobachtend im Hintergrund bewegen.

Was Introversion und Schüchternheit voneinander unterscheidet, ist die Intention. Warum vermeidet jemand den Kontakt zu anderen Menschen? Bei schüchternen Personen ist es eine soziale Angst. Schüchterne Menschen möchten oft kontaktfreudiger sein, trauen sich aber nicht. Aus Angst vor Ablehnung, aus Angst, etwas falsch zu machen, aus Angst, sich zu blamieren – die Ursachen können ganz unterschiedlich sein. Dabei wünschen sie sich oft die Nähe ihrer Mitmenschen, wissen aber nicht so recht, wie sie nähertreten sollen. Introvertierte hingegen wählen aus freien Stücken, wieviel – oder wie wenig – Kontakt sie zu ihren Mitmenschen haben wollen, um ihren Energiehaushalt im Gleichgewicht zu halten. Vereinfacht ausgedrückt: Schüchterne Menschen können nicht mit anderen Menschen sprechen, Introvertierte wollen das nicht. Ein zweiter Unterschied: Schüchternheit als soziale Phobie kann im Laufe des Lebens durch unterschiedliche Erfahrungen erlernt worden sein und kann demzufolge auch wieder „verlernt" werden. Schüchternheit kann überwunden werden. Die Introversion ist jedoch zum nicht unerheblichen Teil angeboren. Zwar können auch introvertierte Menschen sich Techniken wie Small Talk aneignen, um leichteren Zugang zu ihren Mitmenschen zu bekommen, aber an der grundlegenden Frage des Energielevels wird das wenig ändern. Selbst wenn Introvertierte gerne mit anderen interagieren (oder das gelernt haben), werden sie nach einer Phase der Interaktion auch wieder ihren Rückzug brauchen, um die Energiereserven wieder aufzuladen.

Introversions-Expertin Susan Cain hat das wunderbar zusammengefasst: Schüchternheit tut grundsätzlich weh, Introversion nicht (Cain, 2013, S. 27).

Auch wenn Introversion und Schüchternheit nicht identisch sind, so lässt sich in der Praxis oft beobachten, dass es gewisse Überschneidungen gibt. Wenn ich als introvertierter Mensch im Laufe meines Lebens häufig Ablehnung erfahren habe, erlebt habe, dass meine Art „falsch" ist, dass es gesellschaftlich korrekt wäre, wenn ich mich mehr unter meine Mitmenschen mische, dann kann das gewisse Hemmungen auslösen, wie ich mich in einer Menschenmenge verhalte. Die Schüchternheit kann also ihre Ursachen in der Introversion haben. Dennoch ist es nicht gleichzusetzen. Introvertierte sind nicht automatisch schüchtern.

2.2   Introvertierte sind kontaktscheu

Zu den ebenfalls weit verbreiteten Irrtümern gehört der Gedanke, dass Introvertierte andere Menschen nicht mögen. Das mag dadurch unterstützt werden, dass viele Intros keinen Small Talk mögen und auch ihre Befindlichkeiten nicht mit allen teilen wollen. Dadurch wirken sie oft verschlossen, ja sogar arrogant oder verstockt. Sie beteiligen sich nicht so intensiv am Gespräch, auch wenn sie aufmerksam zuhören. Aber mit dem typischen Pokerface eines Introvertierten kann das extrovertierte Gegenüber die wahren Gefühle des Gesprächspartners nicht so recht einordnen. Aber der Schein trügt. Ja, Kontakte mit Mitmenschen können auslaugen, vor allem wenn es viele sind. Nichtsdestotrotz sind auch Introvertierte soziale Wesen und brauchen die Interaktion mit ihrer Umgebung wie jeder andere auch. Nur das Bedürfnis nach einer Ruhephase danach, möglichst ohne andere Menschen, lässt sich nicht leugnen. Dennoch sind Introvertierte nicht per se kontakt- oder menschenscheu. In den richtigen Dosen und der richtigen Intensität sowie der Möglichkeit des Rückzugs mögen wir das sogar sehr gern. Herausfordernd wird das bei der Frage der Teamarbeit. Introvertierte fühlen sich oft unwohler in Großraumbüros und bevorzugen die Arbeit allein. Brainstorming in größeren Gruppen ist für leise Menschen kein ergiebiger Weg zum Produzieren von Ideen – das funktioniert besser in der Stille. Das soll aber nicht bedeuten, dass leise Menschen nicht auch eine Bereicherung in der Teamarbeit sein können. Das gegenseitige Verständnis über die Persönlichkeitstypen kann helfen, dass die Teammitglieder ihre jeweiligen und gegenseitigen Stärken und Herausforderungen kennen und respektieren, sodass es zu den gewünschten Ergebnissen kommen kann.

2.3   Introvertierte können nicht netzwerken

Dieser Mythos hängt eng mit den ersten beiden Punkten zusammen. Wer als scheu oder schüchtern gilt und deshalb weniger Kontakt zu seinen Mitmenschen sucht, kann ja gar nicht netzwerken, oder? Weit gefehlt.

Zum einen: am fehlenden Können scheitert es nicht. Auch introvertierte Menschen können Soft Skills wie etwa das Smalltalken erlernen. Sie können üben, wie sie sich vor anderen Menschen präsentieren, etwa auch durch Sprech- oder Bühnentraining. Die größere Hürde wird oft das „Wollen" sein. In dem Bewusstsein, dass es anstrengend und auslaugend wird, meidet manch Introvertierter ein Netzwerktreffen in größerer Runde. Warum hingehen, wenn man im Nachgang so lange Erholung braucht?

Zum anderen: Es wird deutlich leichter, wenn man die Rahmenbedingungen mitbestimmen kann. Wenn man etwa Veranstaltungen wählt, die einen besonders starken thematischen Bezug zum eigenen Wirken haben. Oder solche, die in kleinerer Runde abgehalten werden, oder einfach nicht so lange dauern. Matthew Pollard empfiehlt zum Beispiel auch, sich im Vorfeld mit einzelnen Menschen auf dem Netzwerk-Event zu verabreden (Pollard, 2022). Dann gibt es dort gleich eine Anlaufstelle und man kann der manchmal überwältigenden Menschenmenge entkommen. Mit dem Einzelnen kann man auch leichter in ein tieferes Gespräch einsteigen. Und – auch diese Freiheit kann man sich nehmen: Wenn du dir lediglich vornimmst, mit zwei-drei Personen zu sprechen und danach das Event wieder zu verlassen, wenn es zu viel wird, kann das schon im Vorfeld viel Druck wegnehmen. Es ist schließlich deine Energie, die dir geraubt wird, also darfst du auch selbst entscheiden, wann du aussteigen magst.

Ein weiterer Vorteil der Introvertierten beim Netzwerken: Wir setzen Qualität vor Quantität. Introvertierte sprechen mit weniger Menschen, aber dafür in der Tiefe. Sie lernen sie besser kennen, hören besser ihre Nöte und Fähigkeiten und merken sich das auch eher, weil das einzelne Gespräch in der Erinnerung nicht mit vielen anderen verwischt. So kann ein echtes Netzwerk entstehen, in dem der Introvertierte als wichtiger Knotenpunkt fungiert. Er bringt Menschen aus seinem Netzwerk zusammen, weil er genau weiß, was sie brauchen und wer ihnen weiterhelfen könnte. Das zahlt sich langfristig auch für ihn selbst aus.

Es ist also keine Frage, ob Introvertierte netzwerken können, sondern eher, ob wir das wollen. Aber wenn wir über die Ausgestaltung des Netzwerkens mitbestimmen können und unsere eigenen Kräfteressourcen dabei mitberücksichtigen, empfinden auch Introvertierte den Austausch mit fremden Menschen als sehr gewinnbringend.

2.4   Introvertierte sind „Fachidioten"

Nun ja, dieses Vorurteil kommt nicht ganz von ungefähr. Zum einen sind viele Introvertierte bereit und in der Lage, sich in Themen zu vertiefen, sich profundes Fachwissen anzueignen und so eine solide Expertise aufzubauen. Hinzu kommt die häufige Abneigung von Small Talk – lieber ist uns ein tiefes Gespräch. Im beruflichen Kontext dann gerne auch über unsere Fachthemen. Wenn wir mit anderen Menschen sprechen, dann gerne über Themen, in denen wir sattelfest sind, in denen wir uns auskennen. Diskutieren, um des Diskutierens willen – das ist nicht unser Metier. Wenn wir nicht in unserem gewohnten Themengebiet sind, sind wir in Gruppengesprächen oft überfordert. Introvertierte sind in der Regel keine „Sprechdenker". Sie haben das Bedürfnis, ihre

Gedanken erst zu Ende zu denken, bis sie sie mündlich äußern. Sprechen, ohne nachzudenken funktioniert für uns nicht so gut. Meetings können für Introvertierte deshalb schnell zur Herausforderung werden, wenn sie aufgefordert sind, zügig (und unvorbereitet) ihre Meinung zu einem Thema vorzutragen. Brainstorming-Runden werden damit zur reinsten Qual. Bis wir unsere Gedanken fertiggedacht haben, ist die Gesprächsrunde längst beim nächsten Thema angelangt. Wohler fühlen wir uns beim „schnellen Sprechen" nur, wenn wir auf unser Fachwissen zurückgreifen können.

So kann schnell der Eindruck entstehen, dass wir „nur" unser Fachwissen haben und uns mit nichts anderem beschäftigen. Ein Trugschluss. Die meisten Introvertierten, die ich kenne, sind sehr vielseitig interessiert. Nicht nur unsere berufliche Expertise ist hoch, auch für andere Themen können wir uns begeistern und viel Wissen aneignen. Aber oft sind wir in Small-Talk-Situationen zu ungeübt, um uns mit anderen Themen als unserer Fachexpertise ins Gespräch einzubringen. Dann gehen unsere Gesprächspartner schnell davon aus, dass wir außer unserem Themenschwerpunkt nichts zu sagen haben, denn wir bleiben stumm.

Übrigens auch ein Argument dafür, sich mit den Bereichen auseinanderzusetzen, die einem auf den ersten Blick gegen die eigene Persönlichkeit gehen. Wenn ich mir auch als Introvertierte Small Talk-Fähigkeiten aneigne und das auch übe, kann ich in solchen Situationen geschickt das Gespräch zu den Themen lenken, mit denen ich mich wohlfühle.

2.5   Introvertierte können nicht verkaufen

Introvertierte gelten als leise, zurückhaltend und wie wir gesehen haben, oft auch als schüchtern und kontaktscheu. Mit diesen Eigenschaften kann man doch nicht als Verkäufer auftreten, oder? Und schon gar nicht damit erfolgreich sein. Auch das ein Mythos! Im Gegenteil – und wir gehen noch genauer darauf ein – sind Introvertierte sogar sehr gute Verkäufer, wenn sie diese Rolle für sich annehmen (vgl. Pollard, 2023). Denn beim Verkaufen geht es nicht zwangsläufig darum, dem Gegenüber durch lautes Gebrüll etwas aufzuschwatzen, was er gar nicht haben möchte. Oder schlimmer noch: Was er gar nicht gebrauchen kann. Mit zwei sehr zentralen Eigenschaften können leise Menschen entgegen dem Mythos beim Verkaufen sogar punkten: Zuhören und Strukturen aufbauen.

Der erste Punkt (siehe auch Abschn. 1.2) bringt uns dazu, die genauen Bedürfnisse unserer potenziellen Kunden herauszufinden. Wir erfahren, ob wir mit unserer Expertise und unserem Angebot die Herausforderungen des Gegenübers lösen können. Dann können wir gezielt da anknüpfen, wo der andere Unterstützung braucht. Es ist dann weniger Verkaufen als vielmehr ein Hilfsangebot, was sich in der Regel für beide Parteien wesentlich angenehmer anfühlt. Und zum anderen: Während Extrovertierte oft aus dem Bauch heraus ins Plaudern kommen und den anderen in ein Verkaufsgespräch verwickeln, fällt es uns Intros deutlich leichter, wenn wir uns an ein Vertriebssystem halten: vom systematischen Finden potenzieller neuer Kunden, über die erste Kontaktaufnahme, dem Aufbau von Vertrauen bis hin zu den Verkaufsgesprächen, die wir ebenfalls verkaufspsychologisch optimieren können: gerne orientieren wir uns an solchen Strukturen und haben auch wenig Schwierigkeiten damit, sie längerfristig durchzuhalten. Eingebettet in eine solche Struktur werden die Gespräche routinierter. Eine Absage lässt sich leichter rational erklären und wir nehmen sie nicht so persönlich, sondern suchen nach Optimierungspotenzial in der Vertriebsstruktur (Pollard 2023). Das alles hilft uns enorm beim Dranbleiben – für eine Daueraufgabe wie das Verkaufen natürlich ideal.

Literatur

Cain, S. (2013). *Still: Die Kraft der Introvertierten*. Goldmann.
Pollard, M. (2022). *Der Pfad der Introvertierten zum Netzwerken*. Colditz.
Pollard, M. (2023). *Der Pfad der Introvertierten zum Verkaufen*. Colditz.

3

Social Media – von Introvertierten für Introvertierte gemacht?

Zusammenfassung Allen Vorurteilen zum Trotz: es bringt definitiv Vorteile mit sich, wenn man introvertiert ist. In diesem Kapitel erfährst du, wie du deine Stärken als leiser Mensch für deinen Auftritt in Social Media nutzen kannst. Denn auch wenn die sozialen Medien oft als eher lautes Kommunikationsmittel wahrgenommen werden, so sind sie doch wie gemacht für Introvertierte. Hier können wir die Stärken, die in unserer Persönlichkeit liegen, einsetzen, um erfolgreich zu sein. Sei es der Einsatz von schriftlicher Kommunikation, das Zuhören, die fachliche Tiefe oder die Fähigkeit, Strukturen aufzubauen. Social Media gelingt uns mindestens genauso gut wie den eher extrovertierten Personen. Gerade für den Bereich Neukundengewinnung ein großer Vorteil, vor allem, wenn man die Alternativen wie Kaltakquise betrachtet.

© Der/die Autor(en), exklusiv lizenziert an Springer Fachmedien Wiesbaden GmbH, ein Teil von Springer Nature 2024
T. Bernsau, *Social Media für Introvertierte*,
https://doi.org/10.1007/978-3-658-43483-0_3

3.1   Das Ziel Neukundengewinnung

Was macht Social Media nun so attraktiv für die leisen Menschen, vor allem für den leisen Unternehmer? Nicht zuletzt ist es ein Blick auf die Alternativen, die uns gegeben sind, wenn wir unser Business erfolgreich in die Zukunft führen wollen.

Eine wesentliche Aufgabe von Selbstständigen und Unternehmern ist die (Selbst-)Vermarktung. Um ein aktives Business zu führen, braucht es Kunden. Wenn wir Stammkunden gewinnen können, die einen Großteil unseres Zielumsatzes bringen, ist das wünschenswert. Aber häufig ist es eine Mischung aus Stamm- und Neukunden, die uns und unser Unternehmen am Leben hält. Beim unternehmerischen Neustart ist es nicht selten, dass man einige Kunden aus dem bestehenden Netzwerk mit ins Geschäft bringt. Vielleicht waren sie sogar der Grund, warum wir uns selbstständig gemacht haben. Machen wir unsere Sache gut, können wir weitere Kunden auch durch Empfehlungen dieser Kunden oder aus dem Netzwerk gewinnen. Aber das ist nicht planbar und reicht auch oft nicht aus – schon gar nicht, wenn wir wachsen wollen.

Wir müssen uns also auf die Suche nach neuen Kunden machen. Dafür müssen wir neue Kontakte gewinnen, ein Netzwerk aufbauen und pflegen. Auch ich habe so begonnen, meinen Kundenstamm aufzubauen. Ich habe Live-Netzwerkveranstaltungen besucht, an Messen und Konferenzen teilgenommen, Kaltakquise-Anrufe getätigt. Aber mit eher mäßigem Erfolg. Denn als introvertierter Mensch waren Netzwerkveranstaltungen mit vielen fremden Menschen, Small Talk und der Notwendigkeit, immer wieder mich selbst zu präsentieren, ungemein anstrengend. Meist habe ich keinen positiven Eindruck hinterlassen können, stand mit einem Wasserglas am Rand des Geschehens und war eher Zuschauer als aktiver Netzwerker. Zurück am Schreibtisch ärgerte ich mich dann über die verschwendete Zeit und Energie – und habe solche Termine immer seltener wahrgenommen. Vielleicht kann der ein oder andere Introvertierte sich an dieser Stelle wiedererkennen.

Mit kalten Telefonanrufen verhält es sich recht ähnlich, was mein Unwohlsein anbelangt. Mit vielen leisen Menschen teile ich die Abneigung gegen das Telefonieren, vor allem das aktive Anrufen. In welcher

Verfassung treffe ich wohl mein Gegenüber an? Erinnert er oder sie sich noch an mich oder muss ich mich wieder erklären? Oder ihm überhaupt erst erklären, wer ich bin und was ich ihm anbieten möchte? Und immer wieder die Unsicherheit, ob man die Signale des Gesprächspartners richtig deutet, wenn man sich nicht von Angesicht zu Angesicht gegenübersitzt.

Gibt es denn keinen anderen Weg, an neue Kontakte zu kommen? Auf welchem Wege kann ich Bekanntheit für mich und mein Angebot erreichen? Wie kann ich auf mich aufmerksam machen, Kontakte knüpfen und auch pflegen, wenn ich diese klassischen Akquise-Möglichkeiten nur mit hohem Energie-Einsatz bewältigen kann? Die Antwort liegt in Social Media.

Hinweis: Als Unternehmer kann ich natürlich noch weitere Zielsetzungen über Social Media verfolgen: Wenn ich etwa neue Mitarbeiter suche, Kooperationen anstrebe, PR-Arbeit betreibe und vieles mehr. Letztlich kann alles, was eine gewisse Sichtbarkeit voraussetzt, durch Social Media unterstützt werden.

3.2 Was macht Social Media so besonders?

Es ist kein Zufall, dass eine sehr erfolgreiche Social-Media-Plattform von einem Introvertierten begründet wurde. Mark Zuckerberg erfand mit seinem Facebook ein Instrument, über das er mit seinen Mitstudierenden an der Harvard Universität in Kontakt treten konnte. Und zwar ohne gleich in den Small Talk gehen zu müssen. Ohne sich auf lärmenden Partys laut zuschreien zu müssen. Sondern beobachtend, im Hintergrund. Denn wie wir gesehen haben, sind auch Introvertierte an ihren Mitmenschen interessiert, wollen wissen, was sie umtreibt, die Informationen nicht verpassen. Und auch mit den Mitmenschen in den Austausch treten. Aber eben auf unsere eigene Weise, auf leise Art. Dieses Bedürfnis teilten auch andere mit Mark Zuckerberg. Seine Idee sprengte bald den Rahmen eines universitären Netzwerks – und eroberte die Welt. Zunächst für den privaten Gebrauch, aber bald auch für Unternehmen und Selbstständige. Geblieben ist der Netzwerkgedanke, die Möglichkeit, sich mit anderen Menschen zu verbinden und auszutauschen, ohne gleichzeitig mit ihnen in einem Raum zu sein oder auch nur in der gleichen Zeitzone. Die Asynchronität ist ein wesentliches Merkmal solcher Plattformen. Ich entscheide selbst, ob und wann ich antworte oder auf einen Beitrag reagiere, wie ich die Antwort formuliere und kann ganz gemäß meinem Energielevel agieren. Die Business-Plattform LinkedIn ist sogar noch vor Facebook an den Start gegangen (2002). Offensichtlich war Anfang des neuen Jahrtausends die Zeit reif, dass sich die Menschen privat und beruflich auch in virtuellen Netzen zusammenfanden. Wie Facebook befriedigt LinkedIn den Wunsch nach sozialer Verbindung, hier im beruflichen Kontext. Seit rund 20 Jahren werden hier Kontakte geknüpft, die Jobs vermitteln können, die Angebot und Nachfrage zusammenbringen.

Soziale Medien sind wunderbare Plattformen, die ich als leiser Mensch nutzen kann, um mit der Welt in Kontakt zu treten – in meiner Lautstärke, in meiner Geschwindigkeit und immer mit der Option, aus der Kommunikationssituation wieder herauszutreten, wenn es mir zu viel wird. Ein Klick auf den Logout-Button genügt! Beste Voraussetzungen, um auch als Introvertierter online sichtbar zu werden.

3.3 Aber diese ganze Selbstdarstellung…!

Nicht nur introvertierte Menschen interessieren sich für soziale Medien. Die Plattformen bieten jede Menge Gestaltungsspielraum für unterschiedliche Bedürfnisse. Im Laufe der letzten zwei Jahrzehnte hat Social Media einen enormen Siegeszug hingelegt. Viele Plattformen sind dazugekommen, einige auch wieder verschwunden. Jede bedient unterschiedliche Bedürfnisse und hat unterschiedliche Zielgruppen, im privaten oder im geschäftlichen Kontext. Die jeweils neuen werden schnell von der jüngeren Bevölkerung angenommen, Facebook und LinkedIn gehören schon längst zu den älteren, konservativeren Plattformen.

Gerade Lifestyle-Plattformen wie Instagram lassen jede Menge Raum für Selbstdarstellung und vor allem Selbstinszenierung – ein Fakt, der immer kritisiert wird. Auf diese Kritik will ich in diesem Buch nicht weiter eingehen, denn die Selbstdarstellung ist selten Ziel von Social Media auf leise Art – im Gegenteil. Denn das ist lautes Marketing.

Marktschreierisch, blinkend und glitzernd schreien diese Beiträge nach
Aufmerksamkeit. Damit fühlen sich die meisten Introvertierten nicht
wohl, so wollen sie sich selbst und ihr Produkt oder ihre Dienstleistung
nicht präsentieren.

Aber das muss auch nicht sein. Auch wenn heute viele laute Selbst-
darstellungen unsere Wahrnehmung von Social Media prägen – vor
allem natürlich Hochglanzformate wie Instagram oder auch das besonders laute TikTok: auf LinkedIn sind wir deutlich sachlicher und profes-
sioneller unterwegs. Zum einen natürlich, weil eine Business Plattform
weniger nach privaten oder Lifestyle-Inhalten verlangt. Die Themen
sind hier per se nüchterner. Generell sind allzu persönliche Beiträge
weniger beliebt als der fachliche Austausch. Auch Privates hat hier weniger Platz – Inhalte, die ich einem entfernteren Arbeitskollegen oder
Geschäftspartner nicht erzählen würde, taugen auch nicht für meinen
geschäftlichen Account in Social Media.

Zum anderen kann man in LinkedIn ein Phänomen beobachten:
DAS LinkedIn gibt es praktisch nicht. In LinkedIn haben wir es in der
Hand, unser eigenes Netzwerk selbst zusammenzustellen. Damit defi-
nierst du sowohl dein Publikum wie auch die Menschen, deren Inhalte
du gerne sehen möchtest. Daraus folgt, dass du dich in deiner ganz
individuellen Filterblase bewegst. Das kann positive wie auch negative Auswirkungen haben – betrachten wir es mal von der guten Seite:
Wenn du dich also für eine konservative, zurückhaltende Community
entscheidest, dann erlebst du ein ganz anderes LinkedIn, als wenn du
dich mit „bunten Vögeln", mit den progressiveren Content Creators,
vernetzt. Insofern kannst du dir deine eigene Bubble kreieren, in der du
dich auf deine ganz eigene Art zeigen kannst, denn dann gelten ganz
andere Regeln und Gepflogenheiten als für andere User. Du musst dich
nicht an die lauten User anpassen, sondern du kannst dich mit den
Menschen vernetzen, die deine (leise) Art zu schätzen wissen. Für den
Wohlfühlfaktor enorm wichtig.

3.4   Mut zur Sichtbarkeit – Überlass die Plattform nicht den lauten Menschen!

Mein Ziel mit diesem Buch wie auch in meiner täglichen Coachingpra-xis: Ich möchte introvertierten Menschen Mut zur Sichtbarkeit vermit-teln. Auch wenn LinkedIn oft eher auf laute Weise bespielt wird: Auch wir haben unseren Anteil an der Aufmerksamkeit in Social Media ver-dient. Denn gerade als Selbstständiger oder Unternehmer ist Sichtbar-keit ein essenzieller Faktor, um mit unseren Angeboten auch wahrge-nommen zu werden.

Dennoch ist die Hürde oft hoch, vor allem, wenn es darum geht, den ersten Schritt in die Sichtbarkeit zu wagen. Bevor wir genauer darauf eingehen, welche Stärken in Social Media als leiser Mensch zu Einsatz kommen können, und wie wir „Social Media auf leise Art" nutzen kön-nen, möchte ich einen Blick darauf werfen, was viele leise Menschen davon abhält, in LinkedIn aktiv zu werden. Vielleicht erkennst du dich darin wieder.

Glaubenssätze, vor allem die negativen, können jeden Menschen be-einträchtigen, unabhängig davon, ob er introvertiert oder extrovertiert ist. Einige dieser Ängste und Sorgen beeinflussen auch deine Sichtbar-keit im Business. Glaubenssätze, auch Grundüberzeugungen genannt, veranlassen dich dazu, die Wirklichkeit zu filtern. Wie durch eine Brille siehst du deine Umgebung so, dass sie mit deinen Überzeugun-gen übereinstimmt. Das bestätigt dich in deiner inneren Einstellung und verstärkt die Glaubenssätze – ein Teufelskreis. Diese Glaubens-sätze sind sehr wirkmächtig. Die Realität ist wie sie ist – aber mit dei-ner Brille nimmst du sie durch den Filter deiner Überzeugungen wahr und erhältst dadurch eine ganz eigene Realität. Das ist auch grundsätz-lich nicht schlimm oder verkehrt. Zur Herausforderung wird es jedoch dann, wenn diese Glaubenssätze dich davon abhalten, etwas zu tun, was du eigentlich gerne tun möchtest.

Überzeugungen sind psychische Gewohnheiten. Diese Überzeugun-gen haben wir nicht von Geburt an, sondern sie entwickeln sich im Laufe der Kindheit bis Jugend und Erwachsenenalter nach und nach. Überzeugungen sind nicht unveränderbar, sondern variabel. Und genau das ist das Gute daran: Du kannst sie verändern! Neue Überzeugungen und Glaubenssätze entwickelt man, indem man neue Denkgewohnheiten schafft oder bisherige bewusst verändert, diese auf etwas sehr stark emotional Positives ausrichtet und dann immer und immer wieder wiederholt.

Drei dieser Glaubenssätze kommen häufig vor, wenn es um das Thema Sichtbarkeit geht:

1. Ich habe doch nichts zu erzählen.
Begegnet mir im Coaching häufig. Was steckt dahinter? Oft ist es die Überzeugung, dass das, was du erzählen könntest, niemanden interessieren würde. Dass du nicht genug Expertise hast. Dass andere so viel mehr zu deinem Thema wissen als du. Mag sein. Aber das sind nicht so viele. Für die allermeisten deiner Leser bist du eine echte Bereicherung im Feed, denn du weißt sehr viel mehr als sie.

2. Ich darf nicht in die Öffentlichkeit treten – was passiert, wenn mich alle sehen?
Rational betrachtet auch widersprüchlich... Wie sollen dich Interessenten finden, wenn du nicht sichtbar bist? Aber eine kleine Beruhigung: „Alle" sehen dich nicht... Am Anfang sind es nur ein paar wenige Menschen und mit der richtigen Strategie werden es immer mehr. Du hast es aber jederzeit in der Hand, was die anderen Menschen von dir sehen; du kannst das Bild der anderen von dir mitgestalten.

3. Es ist doch schon alles gesagt.
In der Tat. Wenn du deinen Mitbewerbern auf Social Media folgst, hast du schnell den Eindruck, dass alle Themen schon in einem Beitrag verarbeitet wurden. Sogar mehrfach, denn kaum einer erfindet das Rad komplett neu. Klar, es gibt immer wieder neueste Erkenntnisse, neue Technologien und Methoden, aber vieles wiederholt sich. Du wiederholst es aber auf deine Art. Mit deinen Gedanken dazu. Du zeigst dabei deine Persönlichkeit, deine Ansätze. Und du zeigst sie deiner ganz eigenen Leserschaft – die die anderen Beiträge nicht gesehen haben.

3.5   Social Media auf leise Art

Für Introvertierte funktioniert Social Media am besten auf die leise Art. Aber was meint das eigentlich genau? Bei Social Media auf leise Art stelle ich den Menschen in den Mittelpunkt, d. h. keine Automatisierung, keine Bot-Nachrichten. Stattdessen geht es um einen Austausch „wie mit echten Menschen". Denn am Ende kaufen Menschen von Menschen. Sie kaufen das Gefühl, dass du ihnen weiterhelfen kannst bei ihren Herausforderungen in Beruf oder im Leben (Abb. 3.1).

Auf beiden Seiten: Sowohl den Menschen, den ich erreichen will, sehe ich nicht als Account, als Nummer, sondern zeige echtes Interesse, höre zu, gehe auf ihn oder sie ein. Aber auch ich selbst darf ganz ICH sein – und deshalb auch meine ganz eigene Sprache sprechen und meine eigenen Vorlieben einbringen. Authentizität ist deshalb ein wichtiger Aspekt: Ich vermarkte kein namen- und gesichtsloses Produkt, sondern mich und meine Dienstleistung so echt wie möglich. Am Ende geht es um einen nachhaltigen Beziehungsaufbau. Die laute Art geht schneller, keine Frage, aber sie lässt auch oft verbrannte Erde zurück, wenn ich eine gewisse Anzahl Kontakte durch meinen Sales Funnel presse und dann laute Methoden anwenden muss. Die leise Art bringt keine Erfolge über Nacht, aber sie ist wirkungsvoll und auch dauerhaft

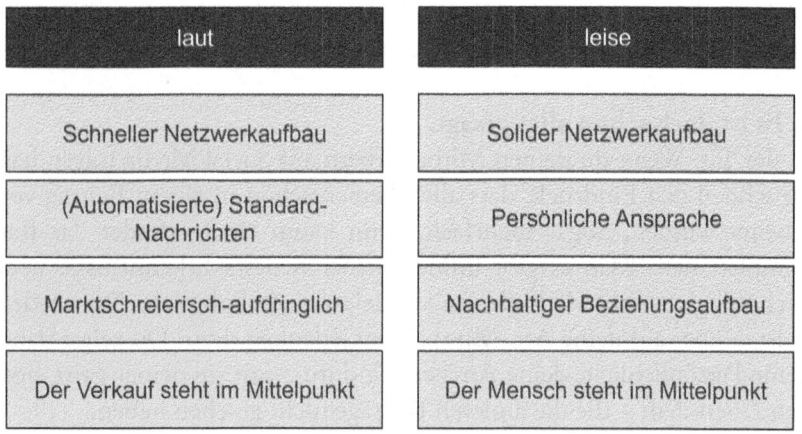

Abb. 3.1   Lautes vs. Leises Marketing

durchhaltbar. Denn es soll auch Spaß machen. Ein wichtiger Faktor fürs Dranbleiben. Und Spaß macht es dann, wenn ich in meinem Element bin. Wenn ich über meine Themen sprechen kann, die mir wichtig sind. Wenn du ganz du selbst sein kannst, ohne dich verbiegen zu müssen, und wenn du dich mit Menschen auseinandersetzen darfst, die zu dir passen.

3.6 Deine Stärken als Introvertierter in Social Media nutzen

Schriftliche Kommunikation – wortgewandt in allen Lagen Es fällt vielen Introvertierten leichter, sich schriftlich auszudrücken als ein mündliches Gespräch zu führen. Das gleicht das „langsamere" Denken aus. Beim Schreiben können die Gedanken sortiert werden, man kann pausieren, Passagen ändern oder löschen, neue Gedankengänge hinzufügen und am Ende die Argumentationskette noch mal kritisch reflektieren. So haben es leise Menschen leichter, ihren Standpunkt klarzumachen als in der direkten Konfrontation. Auch deshalb wählen Intros häufiger die E-Mail, statt zum Hörer zu greifen. Nicht immer zum beiderseitigen Vorteil, manche Sachverhalte ließen sich in einem kurzen Telefonat doch leichter klären als in mehreren Mails mit Rückfragen.

Für den Umgang mit Social Media ist diese Vorliebe aber ein Vorteil, läuft doch die Kommunikation hier in erster Linie (sieht man von Video- oder Audioformaten einmal ab) in schriftlicher Form ab. Mit ein wenig Anleitung gelingt es Introvertierten recht schnell, social-media-gerecht zu schreiben, sich an den Stil, die Länge und Textgestaltung anzupassen. Darin können sie absolut punkten. Vor allem, wenn sie in ihrem Fachgebiet unterwegs sind, fließen ihnen die Sätze geradezu aus der Feder oder vielmehr aus der Tastatur.

Ein zweiter Vorteil: Social-Media-Kommunikation findet in der Regel asynchron statt. Reaktionen auf Beiträge oder direkte Chatnachrichten müssen nicht in Echtzeit beantwortet werden. Es bleibt genug Zeit, um eine zielführende Antwort zu überlegen und zu formulieren.

Zuhören – auch beim Lesen Zu den klassischen Stärken introvertierter Menschen gehört das Zuhören – vielleicht weil wir selbst nicht so leicht die Rede-Initiative ergreifen. Introvertierte hören zu, verstehen, fragen nach, erfühlen empathisch die Gesprächssituation und die Bedürfnisse ihres Gegenübers.

Die Empathie, das Herausspüren der wesentlichen Information aus einem Gespräch, überträgt sich auch auf die Kommunikation in Social Media. Auch hier sind wir sehr aufmerksam, wenn es um die direkten Nachrichten mit einzelnen Menschen geht. Wir studieren sie gründlich, erfahren viel über unsere Kontaktpersonen. Interessanterweise können wir auch – im wahrsten Sinne des Wortes – viel zwischen den Zeilen wahrnehmen. Nuancen, feine Impulse lassen Introvertierte aufhorchen. Gerade für Gespräche mit potenziellen Kunden ein echter Bonus, wenn man früh die Bedürfnisse der Interessenten herausfindet und adressieren kann.

Selbstverständlich können auch Introvertierte Situationen missinterpretieren – wir sind keine Medien mit hellseherischen Fähigkeiten. Auch Introvertierte können Situationen fehleinschätzen, in persönlichen Gesprächen wie auch in der schriftlichen Kommunikation gleichermaßen. Meist zu unseren Ungunsten: Eine nicht ganz so positive Antwort wie erhofft lässt Introvertierte zweifeln und eventuell den Rückzug antreten, wo ein extrovertierter Mensch risikofreudiger einen weiteren Anlauf gestartet hätte, das Gespräch wieder aufzugreifen. In der Regel können wir jedoch unserer Intuition vertrauen und das empathische Zuhören auf unserer Stärken-Seite verbuchen.

Expertenstatus – die Themen gehen uns nicht aus Ob man es gleich „Fachidiot" nennen muss, sei dahingestellt. Aber was viele Introvertierte eint, ist die Fähigkeit, sich tiefes Wissen in einem Gebiet anzueignen. Zu gerne versenken sich leise Menschen in ein Thema, erforschen und studieren die Inhalte aus allen Perspektiven und eignen sich so einen tiefen Wissensschatz an. In Konversationen können wir deshalb aus dem Vollen schöpfen und in die Tiefe gehen. Möglicherweise mit ein Grund für unsere Abneigung gegen Small Talk. Introvertierte sind keine Dampfplauderer, sondern ihre Äußerungen haben Substanz. Das hilft ungemein, wenn man auf Social Media in die Sichtbarkeit kommen will.

Worüber soll ich nur schreiben? Das fragt sich mancher, der sein LinkedIn-Profil mit regelmäßigen, mehrwertstiftenden Beiträgen füllen will. Da können Introvertierte meist aus dem Vollen schöpfen. Sie kennen ihr Handwerk, kennen die Theorie dahinter und die Praxis. All das kann in Social-Media-Beiträge gepackt werden. Oberflächlichkeiten und langweilige Gemeinplätze müssen hier nicht zum Zuge kommen. Im Gegenteil müssen Introvertierte eher darauf achten, nicht zu sehr ins Detail zu gehen, sondern ihr Wissen in konsumierbare Häppchen aufzuteilen, sogenannter Snackable Content, um ihre Follower nicht zu überfordern.

Dranbleiben – mit Strukturen und Routinen arbeiten Introvertierte sind analytisch und systematisch denkende und agierende Menschen. Sie arbeiten gerne routiniert und strukturieren ihre Aufgaben für möglichst viel Effizienz und Effektivität. Diese Fähigkeit, Dinge wiederholt und regelmäßig zu tun, dranzubleiben, ist wertvoll für die Aktivitäten in Social Media.

Denn um in LinkedIn und Co. sichtbar zu werden, ist langer Atem nötig. Es ist ein Marathon, kein Sprint. Es nutzt wenig, für wenige Wochen mehrmals täglich zu posten und sich mit unzähligen Menschen zu vernetzen, wenn man nach einem solchen Schnellstart über Monate in der Versenkung verschwindet. Jeden Tag, jede Woche einige wenige Aktivitäten, aber über einen längeren Zeitraum hinweg, festigen die Personal Brand, die man sich in Social Media aufbauen möchte.

Diese Hartnäckigkeit, dieser lange Atem, fällt Introvertierten in der Regel leichter als Extrovertierten. Solange sie wissen, wie diese Routinen aussehen. Aber genau darum soll es in diesem Buch gehen.

4

Erfolgreich in LinkedIn & Co

Zusammenfassung Auch – oder gerade – für introvertierte Selbstständige ist Social Selling ein großer Hebel für ihre Sichtbarkeit und damit auch für die Neukundengewinnung. In diesem Kapitel erfährst du, wie es funktioniert. Ausgangspunkt ist eine solide Positionierung, die deine Besonderheit betont. Gerade LinkedIn bietet ein besonders geeignetes Netzwerk für Introvertierte, da es Raum für reflektierte Kommunikation bietet. Ein attraktives Profil ist essenziell, damit deine individuellen Fähigkeiten und Erfahrungen auch sichtbar werden. Genauso wichtig ist die Erstellung von hochwertigem Content, der dich authentisch in Szene rückt und deinem Netzwerk einen Mehrwert stiftet. Dazu kommt das Thema Netzwerkaufbau und -pflege, wobei Introvertierte auf qualitatives statt quantitatives Networking setzen sollten. Als Introvertierte kannst du durch deine natürliche Neigung zur Tiefe und Authentizität erfolgreich sein.

© Der/die Autor(en), exklusiv lizenziert an Springer Fachmedien Wiesbaden GmbH,   **35**
ein Teil von Springer Nature 2024
T. Bernsau, *Social Media für Introvertierte*,
https://doi.org/10.1007/978-3-658-43483-0_4

4.1   Social Selling – das Erfolgsmodell. Gerade für leise Menschen

4.1.1   Was bedeutet Social Selling?

Ganz vereinfacht ausgedrückt meint Social Selling das Verkaufen über Social-Media-Kanäle. Wichtig zu betonen ist allerdings – und leider in der Praxis immer noch nicht überall angekommen: Das Wort Social steht vor Selling. Denn auch wenn natürlich der Vertriebsaspekt hier der Antrieb ist – beim Verkauf über Social-Media-Kanäle geht es um weit mehr.

Beim Social Selling liegt der Fokus darauf, Vertrauen und Beziehungen zum potenziellen Kunden aufzubauen, statt lediglich Produkte oder Dienstleistungen zu bewerben. Das Netzwerk, das du vor allem auf Business Plattformen wie LinkedIn aufbauen kannst, steht im Mittelpunkt. Es geht nicht darum, durch plumpe Akquisenachrichten an neuvernetzte Kontakte dein Angebot zu platzieren, sondern es geht um den Beziehungsaufbau zwischen den Kontakten. Das impliziert auch, dass Social Selling keine Abkürzung im Vertriebsprozess ist, sondern ein länger dauernder Prozess. Vertrauen wird nicht durch einen einzigen Social-Media-Beitrag oder eine einzelne Chatnachricht aufgebaut.

Um erfolgreiches Social Selling zu betreiben, sind mehrere Säulen erforderlich (Abb. 4.1). Neben der soliden Positionierung und einem aussagekräftigen Profil braucht es eine Content-Strategie sowie eine Netzwerkstrategie. Es geht darum, auffindbar mit deinem Thema zu sein, deine Expertise zu transportieren und dich mit für dich relevanten Kontakten zu vernetzen – und das Netzwerk auch zu pflegen. Durch den Einsatz von Social Selling können Selbstständige und Unternehmen gleich mehrere Fliegen mit einer Klappe schlagen: Sie erhöhen die Reichweite und damit die Sichtbarkeit, können potenzielle Kunden besser ansprechen und effektiver mit ihnen kommunizieren.

Grundsätzlich funktioniert Social Selling für verschiedene Geschäftsmodelle. Besonders wirkungsvoll wird es aber dann, wenn der persönliche Kontakt zu deinen Kunden relevant ist, wenn du im B2B-Dienstleistungsbereich tätig bist. Immer dann, wenn du mit deinen poten-

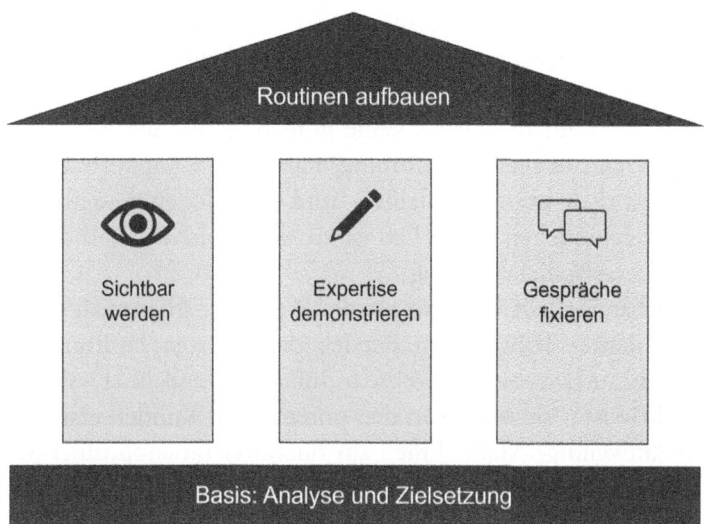

Abb. 4.1 Die Säulen des Social Selling

ziellen Kunden in einen direkten Austausch treten willst, wenn sie dich auch als Person und nicht als anonymen Produktverkäufer wahrnehmen sollen, entfaltet Social Selling seine ganze Kraft.

Der Hauptvorteil von Social Selling liegt in seiner Fähigkeit, den Verkaufsprozess natürlicher und weniger störend, weniger aggressiv oder gar „pushy" zu machen. Das kommt introvertierten Verkäufern sehr zupass. Auf diese Art können wir uns als vertrauenswürdige Quelle positionieren, nachhaltige Beziehungen aufbauen und relevante Inhalte austauschen, ohne aufdringlich zu sein. Social Selling ist deshalb definitiv ein gangbarer Weg für leise Menschen.

4.1.2 Social Selling vs. Kaltakquise

Was macht Social Selling für Introvertierte besonders attraktiv? Lass uns dafür gedanklich einen Schritt zurückgehen. Wenn du Social Media nicht nutzen würdest – wie gewinnst du Neukunden? Die allermeisten Selbstständigen finden ihre ersten Kunden über das bestehende

Netzwerk, über alte Kontakte aus früheren Tätigkeiten. Wenn sie dabei erfolgreich sind, kommen die nächsten Kunden über Empfehlungen dieser ersten Kunden. Das ist auch grundsätzlich eine gute Herangehensweise, aber auf die Dauer keine gute Basis für die Neukundengewinnung. Denn es bleibt „Hoffnungsmarketing": Du vertraust darauf, dass jemand dich weiterempfiehlt – und dass derjenige deine Dienste genau jetzt gebrauchen kann. Das ist zu wenig planbar und damit dauerhaft keine verlässliche Lösung.

Der nächste Schritt ist dann oft die Webseite. Aber auch diese digitale Visitenkarte bleibt oft im Bereich des passiven Hoffnungsmarketings. Denn auch wenn die Webseite inhaltlich und im Design aktuell und attraktiv ist – sie muss von den potenziellen Kunden erst gefunden werden. Aufwendige Maßnahmen zur Suchmaschinenoptimierung oder gar das Schalten von (Google-)Anzeigen ist für viele Selbstständige zumindest am Anfang außerhalb der finanziellen Möglichkeiten.

Also gilt es selbst aktiv zu werden. Über Netzwerktreffen, Live-Events wie Konferenzen, Branchentreffen und Co. können neue Kontakte geknüpft werden. Aber genau da stoßen Introvertierte schnell an ihre Grenzen. Selbst wenn wir uns aufraffen, zu solchen Veranstaltungen zu gehen, ist doch der Gedanke an den Small Talk mit vielen fremden Personen kein besonders angenehmer. Im besten Fall gelingt es uns noch, ein-zwei Gespräche zu führen und eine Handvoll Visitenkarten einzusammeln bzw. zu verteilen, aber aus eigener Erfahrung kann ich sagen, dass Kundengewinnung auf diesem Wege sehr zäh ist. Und da wir nach solchen Events auch wieder Zeit und Ruhe brauchen, um unsere sozialen Akkus aufzuladen, überlegen wir uns vermutlich vor dem nächsten Mal lange, ob wir uns das noch mal antun wollen.

Dann bleibt uns noch die klassische Kaltakquise. Gemeint ist hiermit die Kontaktaufnahme mit potenziellen Interessenten via Telefon, E-Mails oder auch persönlichen Besuchen, ohne dass zuvor eine Beziehung aufgebaut wurde. Das heißt, ich kenne die Person nicht, die ich kontaktiere, ich weiß nur sehr vage, ob sie zu meiner Zielgruppe gehört. Ich weiß jedoch nicht, welche Herausforderung sie gerade hat, ob ich ihr mit meinem Angebot weiterhelfen kann und in welchem Gemütszustand ich sie gerade antreffe. Vor allem in der telefonischen Form für Introvertierte auch kaum zu bewältigen: Der Gedanke, einen wildfremden Menschen mit unserem Angebot zu überfallen, fühlt sich für uns nicht gut an. Auch das ist also in der Regel nicht der ideale Weg für uns. Übrigens auch nicht in der passiven Rolle, als Empfänger solcher „Cold Calls": nicht wenige Introvertierte haben ihr Telefon stummgeschaltet bzw. werden nicht abnehmen, wenn sie die Telefonnummer nicht kennen – hier liefe Kaltakquise nur auf die Mailbox.

Kaltakquise begegnen wir durchaus auch in Social Media. Immer wieder erlebe ich, dass diese Form der Kontaktaufnahme auch als Social Selling tituliert wird – schließlich findet die Ansprache ja in Social Media statt. Aber dem ist nicht so. Es ist und bleibt Kaltakquise, wenn du gänzlich unbekannten Personen dein Angebot unterbreitest, ohne dabei den Aufwand betreiben zu wollen, erst eine Geschäftsbeziehung und Vertrauen aufzubauen. Das mag in frühen Zeiten von LinkedIn funktioniert haben, aber die User sind sensibler geworden. Sogenannte Cold Pitches, die direkt mit der Vernetzungsanfrage oder bei der Begrüßungsnachricht auf automatisierte Texte schließen lassen, kommen bei den Lesern nicht gut an. Abgedroschene Phrasen wie „Ist das grundsätzlich interessant für dich?" oder „Hast du noch Kapazitäten für Neukunden?" haben wir alle schon in unserem Posteingang gehabt und lassen uns nur noch müde lächeln.

Das ist definitiv nicht Social Selling und absolut nicht die leise Art. Denn bei Social Selling – auch wenn der Geschäftsabschluss das erklärte Ziel ist – geht es um den Vertrauensaufbau bei potenziellen neuen Kunden, ohne einen Verkaufsdruck aufzubauen. So kann diese Methode auch von leisen Menschen gut und vor allem dauerhaft eingesetzt werden, da sie unserer Natur entspricht.

4.1.3 Warum LinkedIn hierfür die beste Plattform ist

Viele Plattformen bieten sich an, auch gewerbliche Angebote dort zu platzieren. Social Media wird schon lange nicht mehr rein aus privaten Gründen genutzt. Auch in Facebook, Instagram oder TikTok, um nur einige zu nennen, kannst du deine Produkte und Dienstleistungen vermarkten und Käufer dafür akquirieren.

Explizit für den geschäftlichen Kontext haben sich eigene Plattformen herausgebildet, die sich direkt an Unternehmen, Selbstständige
und Jobsuchende richten. Für den deutschsprachigen Raum war hier
lange XING eine wichtige Anlaufstelle, die jedoch schon seit geraumer
Zeit gegenüber dem internationalen Platzhirschen LinkedIn nicht mehr
mithalten kann.

Aktuell ist LinkedIn für Unternehmen und Selbstständige DIE Social-Media-Plattform. 20 Mio. Nutzer allein in der DACH-Region
sprechen dafür, dass man hier mehr als ausreichend Empfänger für die
eigene Botschaft findet. Ist man auf dem internationalen Parkett aktiv,
wird die Spielwiese noch ungleich größer: Ende 2023 sind es 1 Mrd.
registrierte User weltweit. Selbst wenn man von einem gewissen Pro-
zentsatz an „toten Profilen" ausgehen kann, ist das Potenzial hoch, hier
Menschen der eigenen Zielgruppe zu erreichen.

Vor allem für das Social Selling ist LinkedIn der ideale Kanal. Wie
in keinem anderen Social-Media-Kanal können auf LinkedIn die Mar-
keting- und Sales-Aktivitäten miteinander kombiniert werden. Über
Beiträge und Artikel kannst du deine Botschaften in einer zielgruppen-
gerechten Form an viele Leser gleichzeitig kommunizieren. Gleichzeitig
bestimmst du durch deine aktive Vernetzungsstrategie selbst, wer Teil
deines Netzwerks wird. Als Business-Portal ist in LinkedIn sehr transparent, wer die User sind. Sie sind nicht mit einem kryptischen Web-
Nickname anonym unterwegs, sondern liefern in der Regel reichlich Informationen, die sie als Zielgruppenangehörige identifizieren: nicht nur
der Klarname, auch Standort, Firmengröße, Branche, Position/Funk-
tion im Betrieb und vieles mehr. Zudem hast du die Möglichkeit, direkt
mit deinen Kontakten Direktnachrichten auszutauschen. Interessenten
werden also ohne Umweg über Vorstandsbüro und Assistenten erreicht.
Das vereinfacht den Vertrieb ungemein.

4.1.4 Zusammenspiel von Marketing und Vertrieb – vor allem für Solopreneure ein Gewinn

Marketing und Vertrieb gehen auf LinkedIn eine zielführende Symbi-
ose ein: Du vernetzt dich aktiv mit Menschen aus deiner Zielgruppe, sie

können deine Beiträge sehen, deine Expertise kennenlernen, von sich aus mit dir in Verbindung treten oder du gehst proaktiv auf sie zu. Für beide Seiten ist jeweils erkennbar, wer der andere ist, die Transparenz ist hoch.

Das Zusammenspiel von Marketing und Vertrieb (Abb. 4.2) ist gerade für Solopreneure von großer Bedeutung. Als Solopreneur ist man oft für alle Aspekte des Geschäfts in Personalunion verantwortlich, von der Kundenbetreuung, der Technik, der Buchhaltung bis hin zur Kundengewinnung und dem Steigern der Bekanntheit.

Gerade deshalb ist LinkedIn besonders wertvoll, da sich alles auf demselben Kanal abspielt. Das Posten der Beiträge wird thematisch direkt auf deine Akquiseaktivitäten abgestimmt. Hierdurch entstehen Synergie-Effekte, die nicht zu unterschätzen sind. Statt Werbung auf dem einen Kanal und die Akquise über einen anderen Kanal zu machen, sind hier beide Aktivitäten miteinander verbunden. Praktisch, wenn der Marketing- wie auch der Vertriebsverantwortliche ohnehin dieselbe Person sind – der Soloselbstständige oder Kleinunternehmer selbst.

Für Solopreneure bietet dieses Zusammenspiel von Marketing und Vertrieb einige Vorteile:

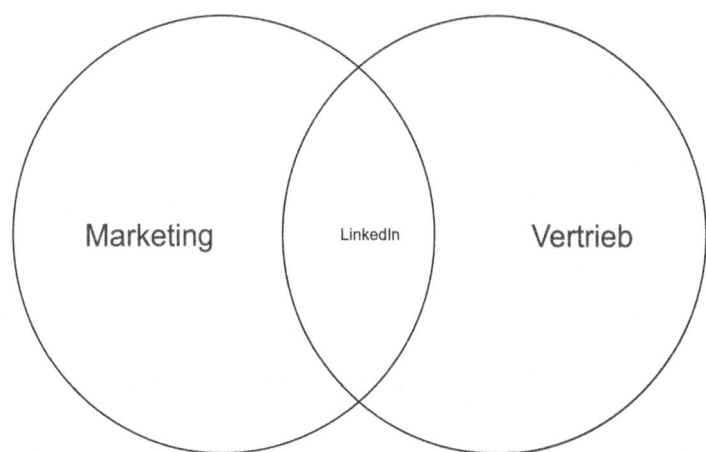

Abb. 4.2 Zusammenspiel Marketing und Vertrieb

- **Effiziente Nutzung begrenzter Ressourcen**
  Als Solopreneur sind deine Ressourcen in der Regel begrenzt, sei es Zeit, Geld oder (externes) Personal. Wenn du die Marketing- und Vertriebsaktivitäten miteinander verzahnst, kannst du diese Ressourcen effizienter einsetzen. Eine klare Marketingstrategie hilft dir dabei, potenzielle Kunden anzusprechen und Interesse zu wecken, während eine effektive Vertriebsstrategie sicherstellt, dass du diese neuen Kontakte auch in zahlende Kunden verwandeln kannst. Durch die Synergieeffekte zwischen Marketing und Vertrieb kannst du also optimale Ergebnisse erzielen, ohne deine begrenzten Ressourcen überzustrapazieren.
- **Konsistente Markenbotschaft**
  Am Ende sollte der Interessent eine klare Botschaft erhalten, sowohl in den Social-Media-Posts (Marketing) wie auch in den Chatnachrichten (Vertrieb). Wenn das auf einer Plattform stattfindet, fällt es dir leichter, darauf zu achten, dass du in deinen Aussagen, deinen Argumenten, konsistent bist. So erhält der potenzielle Kunde ein einheitliches Bild von dir und deinem Angebot. Nur dann wirkst du glaubwürdig und kannst überzeugen. Das Vertrauen der Kunden wächst.
- **Kundenzentrierter Ansatz**
  Wenn Marketing und Vertrieb in einer Hand liegen, kannst du ein tiefes Verständnis für die Bedürfnisse und Herausforderungen deiner Zielgruppe entwickeln. Deshalb ist LinkedIn auch eine hervorragende Marktforschungsplattform. Auf welche Beiträge reagieren sie, welche Chatnachrichten wirken besonders gut? Die jeweiligen Erkenntnisse können zur Optimierung genutzt werden, um die maßgeschneiderte Ansprache zu optimieren.
- **Kundenbindung und Upselling**
  Das Zusammenspiel von Marketing und Vertrieb endet nicht nach dem ersten Verkauf. Auch nach einem Geschäftsabschluss wollen wir mit unseren Kunden in Verbindung bleiben. Sind sie mit dir vernetzt, können sie auch weiterhin deine Beiträge wahrnehmen und via Chat spezifische Infos und Angebote von dir erhalten. Das kann auch nach dem ersten Kauf zu weiteren Verkäufen (Upselling) führen.
- **Messung und Verbesserung**
  LinkedIn liefert gute Möglichkeiten der Auswertung von Erfolgskennziffern, sowohl für den Bereich des Marketings wie auch des

Vertriebs. Welche deiner Maßnahmen sind wirkungsvoll, welche nicht? Wo hast du gerade einen Engpass? Mit diesen Informationen kannst du deine Maßnahmen weiter optimieren und neue Schwerpunkte setzen.

4.1.5 Routine schlägt Perfektion

Wir werden uns in den folgenden Kapiteln die einzelnen Bausteine deines Erfolgs in LinkedIn genauer anschauen. Wichtig ist mir aber zu betonen, dass es sich hierbei stets um regelmäßige Aufgaben handelt. Das gilt sowohl für die eher statischen Elemente wie deine Positionierung oder das daraus abgeleitete LinkedIn-Profil, die regelmäßig auf ihre Aktualität geprüft werden sollten. Vor allem aber geht es um die Dauerbrenner-Aufgaben wie Content-Erstellung sowie Netzwerkaufbau und -pflege. Du wirst mit der Zeit und Übung sicherlich effizienter in der Posterstellung und bei deinen Netzwerkaktivitäten, aber sie bleiben ein zentrales Element deiner täglichen To-do-Liste.

Ein zentraler Erfolgsfaktor ist deshalb deine LinkedIn-Routine. Das klingt nicht besonders attraktiv, zugegeben, aber ohne das ist alles nichts. Denn Marketing und Sales sind Themen, die uns als Selbstständige fortlaufend beschäftigen werden. Deshalb ist es enorm wichtig, Strukturen aufbauen, die dieses Dranbleiben auch unterstützen. Nach meinem Dafürhalten sind Sichtbarkeitschallenges, bei denen es etwa darum geht, 30 Tage lang täglich 1–2 Beiträge zu veröffentlichen, wenig zielführend. Allzu schnell hat man sein Pulver verschossen, alle Ideen einmal gebracht – und vermutlich auch schon die Lust verloren. Denn die Reaktionen bleiben meist mau. Das Netzwerk ist anfangs noch klein und ein echter Beziehungsaufbau zur Community ist in der Kürze der Zeit nicht zu erreichen. Vor allem: während der kurzen Challenge-Dauer konntest du auch noch keine wirklichen Erfahrungen sammeln, welche Themen und in welcher Ausgestaltung bei deiner Zielgruppe ankommen.

Es ist langer Atem gefragt. Regelmäßigkeit ist hier deutlich wirkungsvoller, um Erfahrungswerte und Erkenntnisse einzuholen. Routine schlägt Perfektion. Es geht bei LinkedIn oder generell bei Social Media nicht darum, stundenlang an einem einzelnen perfekten Post zu feilen. Die Recherche nach dem idealen Bild, textliche Überarbeitungen oder Optimierung bei Hashtags und Co. – damit kann man sehr viel Zeit verbringen. Immer mit der Gefahr, letztlich am Leser vorbeizuoptimieren. Natürlich gibt es einige Dinge zu beachten und man kann auch immer etwas verbessern, keine Frage. Aber viel wichtiger ist, mit den Themen auch sichtbar zu werden und den Leser entscheiden zu lassen, was ankommt und was nicht. Deshalb ist es auch wenig zielführend, detaillierte Redaktionspläne für die nächsten sechs oder gar 12 Monate zu erstellen. Während der Zeit, die du für das Erstellen eines solchen Plans aufwendest, bleibst du unsichtbar und weißt am Ende nicht, ob dein Leser die geplanten Beiträge überhaupt konsumieren möchte. Deshalb halte zu Beginn nur einige Rahmenbedingungen für deine Content-Erstellung fest (wir kommen in Abschn. 4.5 noch mal darauf zurück) und veröffentliche anfangs lieber vermeintlich „unperfekte" Beiträge, davon aber viele und regelmäßig, und lasse die Learnings daraus in die zukünftigen Posts einfließen.

Deshalb auch der vielleicht wertvollste Tipp an dieser Stelle: Plane dir regelmäßig feste Zeitfenster für deine Aktivitäten in LinkedIn ein. Welche Aktivitäten das sein sollten, dazu werden wir in den folgenden Kapiteln noch kommen. Nur mit einer regelmäßigen Routine kannst du deine Zeit und Energie sinnvoll einsetzen. Denn beide Extreme können hier auftauchen: Entweder planst du dir zu wenig Zeit für deine LinkedIn-Aufgaben ein – das kann insbesondere dann passieren, wenn du tief im Tagesgeschäft feststeckst. Dann droht ein Auftragsloch nach dem Projektabschluss, wenn du nicht frühzeitig auch für „Nachschub" sorgst. Oder aber du verbringst zu viel Zeit mit nicht zielführenden Aufgaben in LinkedIn. Wertvolle Zeit, die dir für deine Arbeit am und im Business fehlen. Beidem können wir durch Routinen entgegenwirken, durch Priorisierung der wichtigsten und wirkungsvollsten Aufgaben.

4.1.6   Kostet LinkedIn Geld?

Standard- vs. Premium-Mitgliedschaft Eine grundsätzliche Frage bei der Nutzung von LinkedIn: Reicht die kostenlose Standard-Version oder ist ein Premium-Account unbedingt notwendig? Zu beachten ist, dass LinkedIn Premium nicht unbedingt preiswert ist, auch wenn der Anbieter immer wieder mit kostenlosen Probemonaten oder Perioden zum halben Preis wirbt. Es ist eine Investition. Hier gilt es sorgfältig abzuwägen, ob die Premium-Version für deine Ziele und Bedürfnisse hilfreich ist.

Generell kommt man – wie bei den allermeisten Social-Media-Plattformen – auch mit der kostenlosen Version sehr weit. Das Anlegen des Accounts, die Optimierung des Profils, die Content-Erstellung wie auch das Thema Netzwerkaufbau und -pflege lassen sich gut bewerkstelligen, auch ohne dafür extra Geld in die Hand zu nehmen. Ein kostenloses Basisprofil ist grundsätzlich nicht weniger wert als eines, für das du auch bezahlt hast.

In der Premium-Version stehen dir allerdings weitere Möglichkeiten zur Verfügung. Du erhältst detaillierte Einblicke in die Profilbesucher, kannst uneingeschränkt sehen, wer dein Profil besucht hat, und bekommst auch detailliertere Auswertungen zu deinen Beiträgen angezeigt. Das kann dir dabei helfen, besser zu verstehen, wie du dich präsentierst und was du verbessern kannst, um dein Netzwerk zu erweitern. Ein weiterer Pluspunkt liegt in der Möglichkeit, sogenannte InMails an Personen zu schicken, mit denen du nicht direkt verbunden ist. Allerdings hat sich mir in meiner Praxis dieser Vorteil nie wirklich erschlossen: Warum sollte ich Nachrichten an LinkedIn-User schicken wollen, mit denen ich mich nicht vernetzen will? Aber es kann natürlich als eine Möglichkeit genutzt werden, neue Beziehungen aufzubauen und das Netzwerk zu erweitern.

Darüber hinaus bietet LinkedIn Premium auch Zugang zu Lernressourcen und Weiterbildungsangeboten. Du kannst Kurse belegen, um deine Fähigkeiten zu verbessern und neue Kenntnisse zu erwerben. Dies ist besonders wertvoll, wenn du dich beruflich weiterentwickeln möchtest oder in einem sich schnell verändernden Bereich tätig bist. Je nachdem wie passend es zu deinem Angebot ist, kannst du die Zertifikate auch als Weiterbildungen in deinem Profil vermerken.

Ein wesentlicher Zusatznutzen der Premiumvariante ist der Sales Navigator. Dies ist eine gesonderte Plattform, auf der du deine Vertriebsaktivitäten verwalten kannst. Du erhältst praktische Übersichten über die Accounts (Unternehmen) und Leads (Personen), die für dich als Kunden relevant werden können. Zentraler Punkt des Sales Navigators ist eine sehr ausgeklügelte Suchfunktion. Wo der Standard-User auf nur wenige Filterkriterien zurückgreifen kann, kann der Premium-User seine Kontakte nach sehr viel spezifischeren Details filtern: gemeinsame Interessen, Region, Unternehmensgröße, Dauer der Betriebszugehörigkeit, Funktion im Unternehmen, Branche oder Karrierestufe – damit kommt man seiner Zielgruppe schon deutlich näher. Ein weiterer Vorteil des Sales Navigators liegt darin, LinkedIn-User in Listen abzuspeichern. Damit wird es deutlich leichter, seinen eigenen Sales-Prozess zu dokumentieren. Mithilfe der Listen kannst du deine Aktivitäten mit den einzelnen Kontakten festhalten (z. B. wen du bereits zu einem Event eingeladen hast), an welcher Stelle er in der Customer Journey steht und auch, wann du einen Follow-up planst.

Nichtsdestotrotz ist es keine geringe Investition für diese zusätzlichen Funktionen. Deshalb solltest du Kosten und Nutzen sorgfältig abwägen und dir auch sicher sein, dass du den Wert der zusätzlichen Funktionen und Ressourcen wirklich nutzt. Gerade beim Einstieg ist deshalb die Basis-Version in den allermeisten Fällen ausreichend. Zu einem späteren Zeitpunkt – vor allem, wenn die Marketing- und Sales-Strategie etabliert ist – kannst du immer noch upgraden.

Egal, ob du dich für LinkedIn Premium entscheidest oder nicht, vergiss nicht, dass dein Erfolg auf LinkedIn letztendlich von deiner Aktivität, deinem Engagement und deinem Mehrwert für andere abhängt. Der reine Kauf der Premium-Version führt noch nicht zum gewünschten Ergebnis. Es ist also kein Allheilmittel.

Anzeigen in LinkedIn vs. organischem Reichweitenaufbau Die zweite Möglichkeit, LinkedIn kostenpflichtig zu nutzen, ist das Schalten von Anzeigen. Aber auch das ist gerade am Anfang nicht die beste Option. Beim Start in LinkedIn empfiehlt sich der organische

Reichweitenaufbau, also die Steigerung von Sichtbarkeit und Präsenz auf „natürliche" und nicht auf bezahlte Weise. Das bedeutet, dass du deine Reichweite durch qualitativ hochwertige Inhalte, Interaktionen und den Aufbau von Beziehungen in deinem Netzwerk erweiterst.

Du erreichst das, indem du regelmäßig relevante Beiträge teilst, informative Artikel schreibst, an Diskussionen teilnimmst und wertvolle Kommentare zu anderen Beiträgen abgibst. Mit einem durchdachten Einsatz von Schlüsselwörtern und Hashtags kannst du zudem sicherstellen, dass deine Beiträge von den richtigen Menschen gefunden werden. Die Idee hinter dem organischen Reichweitenaufbau ist, eine authentische und engagierte Community aufzubauen, die an deinem Fachwissen interessiert ist. Diese Gemeinschaft wird deine Inhalte teilen und kommentieren, was wiederum deine Reichweite steigert, ohne dass du in Werbung investieren musst.

Das ist auch der zentrale Grund, warum du nicht gleich mit kostenpflichtigen Anzeigen starten solltest, denn die organische Phase fungiert wie ein Testfeld, indem du die Vorliebe deiner Zielgruppe für eine bestimmte Wortwahl, Argumente und Inhalte besser verstehen kannst. Dieses Learning ist essenziell, sonst kannst du mit LinkedIn-Anzeigen schnell sehr viel Geld verbrennen, wenn du mit unscharfen Botschaften in die Öffentlichkeit gehst, die deine Zielgruppe nicht ausreichend ansprechen. Denn LinkedIn-Anzeigen sind keine günstige Investition und erfordern eine längere Laufzeit, um effektiv zu sein. Es ist wichtig, die Dynamiken deiner Zielgruppe zu verstehen, um deine finanziellen Ressourcen nicht unnötig zu verbrauchen. Daher ist es klug, zuerst die Plattform kostenlos zu nutzen, um ein besseres Verständnis für deine potenzielle Reichweite und die Resonanz auf deine Inhalte zu entwickeln.

Wenn du diese organische Lernphase abgeschlossen hast, kannst du mit klaren Erkenntnissen in den bezahlten Content einsteigen. Es ist wichtig, geduldig zu sein und eine solide Grundlage an organischen Erkenntnissen zu gewinnen, bevor du den Schritt zu kostenpflichtigen Anzeigen wagst.

Das bedeutet, dass du LinkedIn im ersten Schritt komplett kostenlos nutzen kannst – von deinem zeitlichen Aufwand einmal abgesehen.

4.2 Deine Positionierung – Digitales Charisma aufbauen

4.2.1 Deine perfekte Positionierung – der Wiedererkennungswert

Eine solide Positionierung ist – nicht nur für Introvertierte – die wichtigste Basis, um in Social Media wahrgenommen zu werden. Sie ist entscheidend, ob man die Zielgruppe mit seinem einzigartigen Angebot erreicht und sich ausreichend von der Konkurrenz abhebt. Gerade viele Solopreneure starten mit einem wahren Bauchladen an Angeboten, die alle bisher erworbenen Fähigkeiten und Kenntnisse in einen großen Topf werfen. Dann finden sich etwa Virtuelle Assistenten, die neben Buchhaltungsaufgaben auch Yogalehrer und Tiertrainer sind und auch als Coach und Berater auftreten. Wahre Tausendsassas – aber der geneigte LinkedIn-Leser kann sie nicht als Experten auf einem Gebiet wahrnehmen. Es wird nicht klar, was eigentlich angeboten wird – und es erscheint unglaubwürdig, dass man alles auch auf hohem Niveau leisten kann.

Wie spitz sollte eine Positionierung also sein? Es geht mir nicht darum, dass du krampfhaft Dinge weglässt, wenn du überzeugt bist, dass dadurch dein Angebot beschnitten wird. Gerade wenn du jemand bist, der viele Interessen hat und Expertisen aus unterschiedlichen Bereichen mitbringst, weil du schon unterschiedliche Berufe ausgeübt hast. Eine vielfältige Persönlichkeit ist grundsätzlich nichts, was dir im Außenauftritt schadet. Du kannst weiterhin das machen, was du kannst, bzw. was du auch bisher gemacht hast. Für die klare Kommunikation vor allem in Social Media brauchen wir aber eine klare Botschaft. Ein Fokus-Thema, über das wir sprechen. Das sich in unserem Profil, in unseren Beiträgen und auch in der Interaktion mit den anderen Usern widerspiegelt. Damit die Leser wissen, wofür du stehst, für was sie dich ansprechen können. Dass du im Hintergrund noch sehr viel mehr weißt und kannst, das schwingt implizit mit. Aber mit der klaren Botschaft erleichtern wir den Lesern die Zuordnungsarbeit.

In der Praxis bremst man sich selbst ungemein, wenn man keine klare Positionierung hat. Eine klare Positionierung hilft dir dabei, …

- deinen Zielkunden klar vor Augen zu haben – für die Content-Erstellung ungemein hilfreich!
- dass dich deine Interessenten mit einem Fokus-Thema wahrnehmen können – auch über einen längeren Zeitraum hinweg.
- dein Angebot schärfer zu fassen, Pakete zu schnüren und höhere Preise zu erzielen.
- deine Expertise besser weiterzuentwickeln – dein eigenes Ziel steht dir selbst klarer vor Augen.

4.2.2 Ist das dasselbe wie Personal Branding?

Diese beiden Begriffe werden gerne in einen Topf geworfen. Personal Branding und Positionierung sind zwei verschiedene Konzepte im Bereich des Marketings. Während beide darauf abzielen, ein Image zu schaffen und eine Botschaft zu vermitteln, gibt es einige wesentliche Unterschiede zwischen den beiden Begriffen.

Personal Branding bezieht sich auf die Art und Weise, wie eine Person sich selbst als Marke präsentiert. Dabei geht es darum, ein konsistentes Image zu schaffen und sich als Experte auf einem bestimmten Gebiet zu positionieren. Es ist ein Prozess, bei dem eine Person ihre Persönlichkeit, Fähigkeiten und Erfahrungen präsentiert, um eine Marke aufzubauen und ihre Bekanntheit zu erhöhen. Es geht darum, die Persönlichkeit, Werte, Erfahrungen, Fähigkeiten und Leistungen einer Person auf eine Weise zu kommunizieren, die ihre Glaubwürdigkeit, Bekanntheit und Wiedererkennung erhöht. Eine Personal Brand ist eine Art Versprechen, das die Person an ihr Publikum gibt, und es soll dazu beitragen, eine emotionale Bindung und Loyalität aufzubauen. Du ahnst vielleicht schon, dass das nicht binnen weniger Tagen oder Wochen geschieht, sondern ein längerfristiger Prozess ist. Aber die Wirkung ist nicht zu unterschätzen! Wenn du eine funktionierende Personal Brand aufgebaut hast, kommen deine Interessenten von sich aus auf dich zu. Insofern ist es mehr als ratsam, früh mit dem Aufbau deiner Personenmarke anzufangen.

Im Gegensatz dazu bezieht sich Positionierung sich auf die Art und Weise, wie sich ein Produkt oder eine Marke von seinen Konkurrenten abhebt und für seine Zielgruppe relevant ist. Es geht darum, eine einzigartige Position im Markt zu finden und den Interessenten davon zu überzeugen, dass diese Marke oder dieses Produkt die beste Wahl für seine Bedürfnisse ist. Positionierung zielt darauf ab, die einzigartigen Eigenschaften und Vorteile eines Produkts, einer Dienstleistung, eines Unternehmers oder einer Marke im Vergleich zu den Wettbewerbern auf dem Markt zu identifizieren und zu kommunizieren. Es geht darum, das Angebot einer Marke so zu positionieren, dass es im Bewusstsein der Kunden eine klare und positive Assoziation hervorruft, die sich von anderen Angeboten unterscheidet. Positionierung bezieht sich somit auf die Art und Weise, wie ein Angebot wahrgenommen wird und in den Köpfen der Kunden verankert ist.

Obwohl Personal Branding und Positionierung ähnliche Ziele verfolgen – die Schaffung eines positiven Images und die Erhöhung der Bekanntheit – unterscheiden sie sich in ihrem Fokus. Während Personal Branding sich auf die Person des Anbieters selbst konzentriert, konzentriert sich Positionierung auf die Marke oder das Produkt und dessen Beziehung zu den Bedürfnissen und Wünschen der Verbraucher.

Personal Branding ist letztlich die Vermarktung deiner Positionierung. Beides wirkt optimal gemeinsam. Wenn du gut positioniert und eine einzigartige Personal Brand bist, dann sind Marketing und auch das Verkaufen deutlich leichter.

4.2.3 Die Kraft deiner Geschichte

Jeder von uns hat eine einzigartige Geschichte zu erzählen. Deine persönliche Geschichte ist ein Schlüssel zu deiner Einmaligkeit als Unternehmer. Menschen fühlen sich von echten Geschichten angezogen. Indem du deine eigene Geschichte teilst, wirst du andere inspirieren und ermutigen. Du wirst erkennen, dass deine Vergangenheit und deine

Erfahrungen dich zu dem gemacht haben, der du heute bist – und das ist besonders und wertvoll.

Schon die Steinzeitmenschen haben es getan: Geschichten am Lagerfeuer erzählt. Zur reinen Unterhaltung, aber auch zur Weitergabe von Wissen. Warum? Weil man sich Zahlen, Daten, Fakten nicht so gut merkt wie eine Geschichte – das berühmte Storytelling. Wenn der Leser oder Zuhörer mit den Informationen etwas verknüpfen kann, sich mit dem Protagonisten identifizieren will, wird er das Gesagte sehr viel besser in seinem Kopf verankern können.

Was eignet sich deshalb für die Präsentation deines persönlichen Angebots besser als deine eigene Geschichte? Wie bist du zu diesem Thema gekommen? Viele Selbstständige bieten etwas an, dass sie sich selbst einmal sehnsüchtig herbeigewünscht haben. Vermutlich ist das dir auch so. Du hast dein Herzensbusiness gewählt, deine Berufung, die sich aus einer Begebenheit, Erlebnissen und Erkenntnissen aus deiner Vergangenheit erklärt. Diese Geschichte kannst du auch in den sozialen Medien erzählen: in deinem Profil, aber auch in deinen Beiträgen kann und darf sich das widerspiegeln.

Wenn dir nicht bewusst ist, warum du heute das tust, was du tust, kann dir dies vielleicht weiterhelfen. Wenn du auf deinen bisherigen Weg zurückblickst, was waren klassische Stationen, Meilensteine und Umbrüche (Jobwechsel, Verluste, Auslandaufenthalte, Familiengründung, Weiterbildungen etc.)? Wie hast du das erlebt oder auch überstanden? Wie hast du das geschafft (Scheitern und Lösungsansatz daraus)? Welche Erkenntnisse konntest du daraus für dich mitnehmen? Welche Fähigkeiten hast du dir damit erworben? Wo ähnelst du eventuell deiner Zielgruppe, wo hast du ähnliche Herausforderungen wie sie gehabt? Was konntest du schon erreichen?

4.2.4 Persönlichkeit zeigen vs. private Inhalte teilen

Immer wieder hört man, vor allem natürlich für Personenmarken, dass sie ihre Persönlichkeit zeigen sollen. Aber was meint das eigentlich? Wenn man in Social Media an die Darstellung von Persönlichkeit denkt, fallen einem vermutlich zunächst die Influencer auf Instagram

ein. Selfies in bewusster Inszenierung zu Lifestyle-Themen. Hochglanz-
bilder aus professionellen Fotoshootings, die das Leben schöner, interessanter, faszinierender Menschen zeigen. Aber das meine ich gar nicht
mit „Persönlichkeit zeigen". Denn es geht es mir weniger um Selbstdarstellung oder gar Inszenierung, sondern darum, dass deine Interessenten
dich über deinen Social-Media-Auftritt kennenlernen können. Es geht
darum, dass sie ein Gefühl für dich als eine Person bekommen, mit der
sie gerne zusammenarbeiten möchten. Transportiert werden sollen dabei
die Werte, die dich (und dein Angebot) auszeichnen sowie deine Arbeitsweise.

Persönlichkeit wird nicht unbedingt durch ein Selfie oder durch eine
Inszenierung transportiert, sondern von einer möglichst authentischen
Darstellung deines Selbst. Es geht ein Stück weit um deine Geschichte,
darum, was du bisher auf deiner beruflichen Reise erlebt hast, was dich
geprägt hat und heute ausmacht. Es geht darum, dass Interessenten
einen ersten Einblick bekommen sollen, wie es sich anfühlt, mit dir zu-
sammenzuarbeiten. Gerade in Branchen oder bei Angeboten, bei denen
es um einen direkten persönlichen Kontakt zwischen Kunde und Anbieter geht, spielt das eine enorme Rolle. Etwa wenn du als Coach, Trainer
oder Berater tätig bist, kannst du in Social Media diesen Wunsch der
Interessenten, dich zu „beschnuppern", erfüllen.

Das soll aber nicht bedeuten, dass wir auf LinkedIn und Co. nun
alles von uns präsentieren müssen, um authentisch zu wirken. Denn
natürlich geht es immer noch um dich als eine berufliche Person. Das
Privatleben darf privat bleiben. Die Grenze zwischen privat und persönlich zieht dabei jeder an einer anderen Stelle. Letztlich darf jeder für
sich entscheiden, wieviel er von sich preisgeben will. Authentizität bedeutet nicht, dass du einen Seelenstriptease hinlegen musst. Auch wenn
Social Media voll ist mit Familiengeschichten, privaten Unglücks- und
Todesfällen, überwundenen Krankheiten, Ängsten und den Heldenge-
schichten der Gescheiterten. Es bleibt jedem selbst überlassen, ob er solche Beiträge konsumieren möchte und wieweit er selbst mitziehen will.
Mein Credo an dieser Stelle lautet: Ich muss nicht alles mitteilen, was es
von mir mitzuteilen gäbe. Aber alles, was ich mitteile, sollte wahr sein.

Als Orientierung kann auch hier „das echte Leben" gelten. Was du deinem analogen Geschäftspartner nicht mitteilen würdest, hat auch keinen Platz in der virtuellen Welt, sonst wird man schnell unauthentisch. Denn wir wollen echt bleiben. Im heutigen digitalen Zeitalter, in dem viele Menschen ihr Leben online teilen, kann es verlockend sein, sich zu verstellen, um aufzufallen. Doch das ist nicht der Weg, den wir einschlagen wollen. Stattdessen werden wir uns darauf konzentrieren, wie du deine Authentizität als introvertierter Unternehmer nutzen kannst, um dich von anderen abzuheben.

Indem du dir selbst treu bleibst und deine Persönlichkeit in deine Geschäftstätigkeit einfließen lässt, wirst du eine tiefere Verbindung zu deinem Publikum aufbauen. Menschen schätzen Ehrlichkeit und Authentizität. Die Kraft deiner Echtheit wird die Grundlage für eine starke und loyale Kundenbasis sein.

4.2.5 Positionierung als Introvertierter – Deine Stärken und Herausforderungen

Als introvertierter Selbstständiger kann es eine Herausforderung sein, sich zu positionieren und das online zu kommunizieren. Wir leisen Menschen neigen dazu, mehr Zeit damit zu verbringen, über unsere Gedanken und Gefühle nachzudenken als andere. Diese Selbstreflexion kann sich uns dann in den Weg stellen: Will ich das wirklich? Kann ich das wirklich? Bin ich für diese Zielgruppe der oder die Richtige? Das kann verunsichern.

Zum anderen tendieren Introvertierte dazu, sensibel auf die Bedürfnisse und Wünsche anderer Menschen zu reagieren. Diese Empathie ist Gold wert – birgt aber auch Risiken. Dann tritt nämlich leicht in den Hintergrund, welche Fähigkeiten und Stärken man selbst mitbringt. Man möchte es möglichst vielen recht machen, bringt aber vielleicht gar nicht die Expertise mit – oder es war eigentlich gar nicht das, was man machen wollte. Dann kann die Einzigartigkeit verloren gehen. Hinzu kommt: die Bedürfnisse und Wünsche der Interessenten sind nicht gleichbedeutend mit dem, wofür andere Menschen auch Geld ausgeben würden.

Hier hilft es, wenn wir uns auf unsere Stärken besinnen:

- **Nutze deine analytischen Fähigkeiten:** Als Introvertierter bist du prädestiniert dafür, dich in ein Thema zu vertiefen und komplexe Ideen zu entwickeln. Nutze diese Fähigkeiten, um deine Positionierung mit diesem Kurs systematisch aufzubauen und zu verbessern.
- **Empathie und Beobachtungsgabe:** Es eine Herausforderung, aber auch eine große Stärke, wenn man ein guter Zuhörer und Beobachter ist. So kannst du bei deiner Zielgruppe herausfinden, was sie wirklich wollen, was die Ursache ihrer Herausforderungen sind und wie du ihnen weiterhelfen kannst.

4.3 Dein Profil – der erste Schritt in die Sichtbarkeit

Wenn die Positionierung klar ist, können wir damit starten, damit sichtbar zu werden, zum Beispiel in LinkedIn. Der erste Schritt auf diesem Weg ist das Anlegen (oder Optimieren) eines Profils. An dieser Stelle alle Parameter zu erläutern, die ein ideales Profil in LinkedIn ausmachen, wäre müßig, da sich die Rahmenbedingungen in LinkedIn stetig ändern. Bis zur Veröffentlichung dieses Buches wären vermutlich viele Informationen längst überholt. Aber einige Standard-Elemente möchte ich doch erwähnen, die für deine Sichtbarkeit in LinkedIn unerlässlich sind.

4.3.1 Dein Profil – die digitale Visitenkarte

Zum einen ist zu beachten, dass du als Selbstständiger oder Unternehmer keinen lückenlosen Lebenslauf präsentieren musst. Es ist eine digitale Visitenkarte für deine aktuelle Positionierung. Das heißt es reicht völlig, wenn du die Stationen aus deiner bisherigen Laufbahn angibst, die auf dein jetziges Angebot einzahlen. Es darf also eine Auswahl sein. Vieles aus deinem Lebenslauf kann entfallen. Sowohl frühe Einstiegsjobs, die mit deiner heutigen Tätigkeit nichts mehr zu tun haben, Praktika, Studentenjobs und ähnliches müssen hier nicht der Vollständigkeit halber aufgelistet werden. Nach Lücken im Lebenslauf wird nicht geschaut. Hier gilt nicht „viel hilft viel", denn der Interessent soll ja zügig erkennen können, warum er ausgerechnet mit dir zusammenarbeiten sollte. Jobs oder Zertifikate aus anderen Professionen sind nicht hilfreich. Gerade bei Aus- und Weiterbildungen, Zertifikaten und ähnlichem kannst du dich auf das fokussieren, was deine aktuell zu kommunizierende Expertise unterstützt. Und natürlich dürfen frühere Arbeitgeber und Kunden auch direkt zu Wort kommen. Förderlich sind nämlich Empfehlungen in deinem Profil. Diese Referenzen erhöhen deine Glaubwürdigkeit und zeigen, dass du auch in der Vergangenheit schon gute Arbeit geleistet hast.

Zum ersten visuellen Eindruck gehören das Profilbild sowie das Bannerbild. Diese Bilder sollten professionell sein, zu deiner Positionierung passen, und dich im wahrsten Sinne des Wortes gut sichtbar machen. Das heißt unter anderem, dass du möglichst gut erkennbar sein solltest. Hier macht ein privater Schnappschuss keinen guten Eindruck – aber auch kein idealisiertes Foto, auf dem man dich nicht wiedererkennt. Der goldene Mittelweg ist hier der beste. Wichtig ist in jedem Fall, dass du einen großen Bildausschnitt von deinem Gesicht wählst. Denk immer daran: Das ist das Erste, was LinkedIn-User von dir wahrnehmen, wenn du auf einen Beitrag antwortest. Dort ist es – neben deinem Namen und dem Profilslogan recht klein zu sehen. Eine Ganzportrait von dir ließe dein Gesicht in den Hintergrund treten, man nimmt in dieser kleinen Größe nur noch eine Silhouette wahr. Deshalb besser im Bildausschnitt auf das Gesicht heranzoomen. Dann können andere LinkedIn-User deinen Namen gedanklich auch gleich mit einem Bild verknüpfen und du verankerst dich besser in ihrem Gedächtnis.

Ein Tipp: Vielleicht ist es dir auch schon mal aufgefallen – einige LinkedIn-User haben ihr Bild vor einen stark farbigen Hintergrund oder auch nur in einen farbigen Rahmen gesetzt. Oft ist das die Farbe ihres Branding-Auftritts und ergibt insofern natürlich ein stimmiges Gesamtbild. Wenn es nicht Teil des Corporate Designs ist, wird gerne ein knalliges Gelb oder Rot gewählt, in jedem Fall eine Signalfarbe. Ziel ist es bei dieser Variante, ins Auge zu fallen, hervorzustechen aus der Menge der aktiven User. Mein persönlicher Stil ist es nicht, aber ein probates Mittel ist es doch. Allerdings auch nur so lange, bis es alle benutzen – dann wird man „einer der vielen LinkedIn-User mit einem roten Bildhintergrund" und um das Unterscheidungsmerkmal ist es geschehen.

Das zweite visuelle Element auf deinem Profil ist das Bannerbild, oder auch Headerbild genannt, das sich im oberen Bereich quer über deinen Namen und dein Profilbild erstreckt. Bei der Gestaltung sind der Fantasie fast keine Grenzen gesetzt, solange es in das längliche Format passt. Dieses Element kannst du hervorragend einsetzen, um weitere Informationen zu mitzuteilen. Ein Claim zu dir und deinem Angebot, Kontaktdaten wie die weiterführende Webseite oder andere Social-Media-Portale oder auch Referenzen im Sinne von „Bekannt aus Funk und Fernsehen" bzw. „mehr als 1000 erfolgreiche Kundenprojekte" können hier zum Einsatz kommen. Im Stil sollte das Bannerbild dein Branding und deine Positionierung widerspiegeln. Die farbliche Gestaltung wie auch die Auswahl von Schrift, der grafischen Elemente sowie Fotos darauf sollten ein konsistentes Bild von dir vermitteln. Ob du ein Foto von dir auch im Banner einbauen möchtest, ist Geschmackssache. Wenn, wähle auf jeden Fall ein anderes als das Profilbild für die Abwechslung. Eine gewisse Vorsicht ist geboten, wenn es um andere Abbildungen im Banner geht, die aus Bilddatenbanken stammen. Neben der grundsätzlichen Frage der Bildrechte ist auch zu beachten, dass die Bildauswahl nicht zu beliebig wird. Du bist Virtuelle Assistentin? Dann nutzt vermutlich jede zweite ein Stockbild von einem Laptop oder einem Schreibblock. Du bist als Coach und/oder Berater aktiv? Dann sehe ich sehr häufig generische Bilder von Workshop- und Beratungs-Situationen ohne direkten Bezug zu dir. Daran haben sich viele Social-Media-User satt gesehen. Solche Bilder haben so wenig Aussagekraft, dass ich das Bannerbild dann lieber ohne Abbildungen und nur mit grafischen Elementen gestalten würde.

Der nächste wichtige Bereich auf deinem Profil ist der Profilslogan, der direkt unter deinem Namen auftaucht. Der Slogan wird automatisch aus deiner aktuellen Berufsbezeichnung generiert, solange du nicht etwas anderes einträgst. Aber eine Angabe wie „Inhaber" oder „Geschäftsführer" ist an dieser Stelle oft zu wenig aussagekräftig für deine Leser. Der Kreativität im Hinblick auf die Formulierungen sind an dieser Stelle keine Grenzen gesetzt. Wichtig ist auch hier, dass deine Positionierung klar erkennbar ist. Je spezifischer du hier wirst, desto besser – der Leser muss schnell erkennen, worum es geht – oder es sollte zumindest ausreichend neugierig machen. Dabei solltest du deine Zielgruppe immer im Blick haben. Es muss gar nicht von jedem verstanden werden – es reicht völlig, wenn die Menschen dich einordnen können, die du auch erreichen willst. Die ersten 8–10 Wörter sind dabei besonders relevant – das wird dem User auch angezeigt, wenn du einen Beitrag kommentierst. Insgesamt stehen dir aber 220 Zeichen zur Verfügung. Bringe dort die wichtigsten Begriffe unter, mit denen Menschen nach dir suchen werden.

Als kleine Orientierung möchte ich dir hier gerne eine „Formel" mit auf den Weg geben, die dir beim Bilden des Slogans eine Orientierung geben können.

{Ergebnis} + {Methode/Angebot/Zielgruppe} + {Social Proof} + {Persönliches}

Ein weiterer wichtiger Punkt in deinem Profil sind die Kontaktmöglichkeiten, die auch für deine User sichtbar sind. Achte darauf, dass du dort die relevanten Kontaktmöglichkeiten angibst (und aktuell hältst), damit Interessenten dich auch erreichen können. Dabei kannst du dich auf die Kontaktmöglichkeiten beschränken, die du bevorzugst. Wenn du beispielsweise lieber per Mail als via Telefon angesprochen werden möchtest, solltest du deine E-Mail-Adresse hinterlegen und die Telefonnummer weglassen. Damit du auch sicherstellen kannst, dass du Anfragen zügig beantwortest.

Textlich richtig austoben kannst du dich im Info-Bereich – der Lang-Beschreibung deines Profils. Halte es spannend für deine Leser (Stichwort: Storytelling). Wie bei deinen Beiträgen, wird der Text nicht vollständig angezeigt – deshalb ist es besonders wichtig, dass du einen attraktiven Einstieg wählst, damit die Leser auf „weiter" klicken. Füge am Ende gerne eine Handlungsaufforderung („Call-to-Action") an, damit die Leser wissen, wie sie mit dir in Kontakt treten können. Aktuell ist es leider (noch?) so, dass LinkedIn an dieser Stelle keine Formatierungen ermöglicht. Du kannst aber Emojis einkopieren. Das bietet sich an, um den Text optisch zu gliedern und damit aufzulockern und besser lesbar zu machen. Vorsicht jedoch bei pseudoformatierten Texten wie Fettungen oder kursive Schriften. Das schaut zum einen oft nicht geglückt aus, wenn etwa die Punkte bei den Umlauten schräg sind. Zum anderen sind diese Formatierungen nicht barrierefrei, können also etwa bei Vorlesefunktionen für Sehbehinderte nicht korrekt wiedergegeben werden. Das gilt übrigens auch für deine Beiträge – auch hier können fette und kursive Schriften zwar den Text strukturieren, aber es bleibt ein „Workaround", der auch seine Nachteile mit sich bringt.

Da wir in unserem Profil den Leser mit den wichtigsten Infos zu uns und unserem Angebot versorgen wollen, haben wir im sogenannten Fokus-Bereich des Profils noch die Möglichkeit, einzelne Beiträge oder externe Links besonders hervorzuheben. Wir kuratieren also unsere Beiträge und zeigen die Highlights an: Posts, die besonders gut gelaufen sind (also eine hohe Interaktion aufweisen) oder aber solche, die unser Angebot besonders gut auf den Punkt bringen. Sinnvoll kann es auch sein, hier etwas Aktuelles zu promoten, etwa ein neues Produkt, oder ein anstehendes Webinar. Aber nicht nur LinkedIn-Beiträge können in den Fokus-Bereich aufgenommen werden. Auch externe Links oder Dokumente finden hier ihren Platz, Links zu deiner Website, vielleicht ein externer Beitrag über dich in der Presse oder eine Downloadmöglichkeit für deine Leser. Drei solcher Beiträge werden dem Profilbesucher direkt auf einen Blick angezeigt. Auch wenn du noch etliche weitere Beiträge hier highlighten kannst, solltest du es bei den drei belassen – sonst ist es schnell keine Auswahl mehr, sondern eine beliebige Link-Sammlung, die dem Leser wenig Orientierung bietet. Hilf ihm dabei, schnell zu erkennen, was du ihm sagen willst.

Ein letzter Check: Bitte prüfe in deinen Grundeinstellungen bei LinkedIn, ob du auch hier auf „sichtbar" gestellt bist. Nicht selten habe ich es erlebt, dass man ein Profil angelegt hat, aber weil man noch im Testmodus war, sicherheitshalber ausgeschaltet hat, dass man von Kontakten außerhalb seines Netzwerks gefunden und angesprochen werden kann. In den Privatsphäre-Einstellungen gibt es verschiedene Abstufungen, wer das Profil und die Beiträge sehen darf und wer dir eine Kontaktanfrage stellen bzw. Nachrichten schicken darf. Ich empfehle hier möglichst wenige Einschränkungen zu machen – es ist ja unser Ziel, sichtbar zu werden und erreichbar zu sein. Und am Ende des Tages entscheiden wir selbst, welche Infos wir ins Profil packen bzw. welche Beiträge wir veröffentlichen. Das heißt die Leser können kaum zu viel von uns sehen.

4.3.2 Personenprofil vs. Unternehmensprofil

LinkedIn unterscheidet bei seinen Accounts zwischen Personen- und Unternehmensprofilen. Im Zentrum unserer LinkedIn-Aktivitäten als Solopreneur steht unser Personenprofil: Die Profiloptimierung, aber auch Content und Vernetzung erfolgen über dich als Person. Das macht auch Sinn, denn „Menschen vernetzen sich mit Menschen" gilt in LinkedIn besonders: Ein Unternehmensprofil wirkt starr und unpersönlich, nicht so, als könnte ich mit ihm interagieren und mit ihm in den Austausch kommen.

Dennoch macht es Sinn, auch ein – vereinfachtes – Unternehmensprofil anzulegen, auch als Selbstständiger. Ein wichtiger Grundgedanke: Bei den Unternehmensprofilen in LinkedIn sind nicht Unternehmen im rechtlichen Sinne gemeint. Das heißt auch wenn du „nur" Freelancer, Freiberufler oder ähnliches bist, kannst du ein solches Profil anlegen. Du musst also keine GmbH oder ähnliches sein. Es ist auch möglich, Unternehmensprofile für Marken bzw. Projekte anzulegen.

Was sind die Vorteile eines solchen Unternehmensprofils? Zum einen erscheint eine ordentlich angelegte Unternehmensseite auf deinem Personenprofil im zentralen oberen Bereich mitsamt des hinterlegten Logos. Wenn du deine Selbstständigkeit nur als Teil des Lebenslaufs, als jüngste Station, eingetragen hast, würde an dieser Stelle nur das Platzhalter-Icon von LinkedIn erscheinen. Mit deinem eigenen Logo bekommt das einen offiziellen Touch und dein Firmenname erscheint sehr prominent auf deinem Profil.

Zum anderen kannst du deine Unternehmensseite als eine formellere digitale Visitenkarte nutzen. Während wir auf dem Personenprofil im Infotext einen starken Fokus auf unsere Persönlichkeit gelegt haben, kannst und darfst du hier werblicher agieren und konkreter deine Dienstleistungen unterbringen. Das heißt hier kannst du deine Angebote detaillierter aufzählen. Auch wenn du über das Unternehmensprofil Beiträge veröffentlichst, dürfen die gerne direkter die „Verkäufer-Brille" aufsetzen, also dein Angebot viel deutlicher anpreisen, als du das etwa auf deinem Personenprofil tun würdest.

Ein weiterer Vorteil: Du kannst als Administrator einer Unternehmensseite nun immer entscheiden, ob du als Person oder als Unternehmen Content verbreiten bzw. andere Beiträge kommentieren willst. Das hat den Vorteil, dass du nun auch bei deinem eigenen Content als dein Unternehmen liken und kommentieren kannst – und umgekehrt. Ein schöner Multiplikator-Effekt.

Aktuell ist es noch so, dass du bezahlte Anzeigen in LinkedIn ausschließlich über die Unternehmensseite schalten kannst. Im ersten Schritt deines Auftritts muss das noch keine Rolle spielen – vor allem am Anfang kannst du durch organische Reichweite viel erreichen. Für deinen Start in LinkedIn sind die kostenlosen Beiträge in der Regel völlig ausreichend. Es muss kein Geld in die Hand genommen werden, um Sichtbarkeit zu erreichen. Aber vermutlich wirst du auch du einmal an den Punkt gelangen, wo du deiner Sichtbarkeit noch mehr Möglichkeiten verschaffen willst. Dann kommt unter Umständen auch Paid Content ins Spiel – und dann wird eine Unternehmensseite notwendig, um diese Anzeigen auch schalten zu können.

Was beinhaltet deine Unternehmensseite? Auch hier haben wir statische Infos wie Name, Profilslogan, Kontaktdaten, Branche. Natürlich kannst du darüber auch deine Mitarbeiter verbinden oder auch Stellenangebote posten, sobald du über eigenes Personal nachdenkst. So kann man sich auch gleich ein Bild über die Unternehmensgröße machen.

Eine Besonderheit: das Headerbild ist noch länglicher als das Headerbild auf deinem Profil – damit hast du weniger Platz für Textelemente darauf, wie das beim Profilheader weit verbreitet ist. Meist bietet sich eine reduzierte Form deines persönlichen Headerbilds an. Das Logobild ist, anders als das Profilbild im Personenprofil, quadratisch. Das passt in der Regel gut für ein Logo und es wird nichts durch die runde Form (wie beim Profilbild) abgeschnitten.

Angelegt ist eine solche Unternehmensseite recht schnell – LinkedIn fragt beim Einrichten nach allen benötigten Infos und führt dich Schritt für Schritt durch den Einrichtungsassistenten. Einen eigenen Content-Plan braucht das nicht. Aber auch auf diesem Profil empfiehlt es sich regelmäßig aktuelle Inhalte zu bringen, damit es nicht wie eine

„Karteileiche" wirkt. Also auch hier empfiehlt sich eine konstante Aktivität, wenn auch mit weit weniger Aufwand als beim Personenprofil. Eine wichtige Säule für diese Aktivität ist der Content, den du über die Unternehmensseite veröffentlichst. Meine Empfehlung ist hier eine deutlich niedrigere Intensität im Vergleich zu deiner Content-Strategie im Personenprofil. Da hier Themen wie Reichweite nicht so relevant sind, darf das auch ruhig ein Beitrag sein, den wir im Personenprofil nicht bringen würden, also etwa ein externer Link, zum Beispiel zu einem Blogbeitrag auf deiner Webseite. Auch kann ich hier „Curated Content" zum Einsatz bringen: Beiträge fremder Profile, die du als Unternehmen teilst, eventuell mit einem einleitenden Kommentar dazu. Solche Beiträge waren vor einigen Jahren auf Social Media sehr populär – nicht wenige User gestalten auf diesem Wege auch heute noch einen Großteil ihrer Beiträge. Aber sie werden von LinkedIn nicht besonders unterstützt, da sie zu wenige eigene Gedanken enthalten. Selbst erstellte Posts mit deiner eigenen Meinung, deiner eigenen Einschätzung der Fakten, sind da deutlich wirkungsvoller. Deshalb sollten wir im Personenprofil von solchen weitergeteilten Beiträgen Abstand nehmen. Aber auf deinem Unternehmensprofil sind diese Beiträge ausreichend, um Aktivität zu demonstrieren.

Gerne kannst du auch ein bisschen mit deinen Profilen „spielen": Wenn du als Unternehmensseite deine eigenen Beiträge mit einem „Gefällt mir" versiehst, bekommen das ja auch die Follower deiner Unternehmensseite angezeigt und umgekehrt. Auf diese Art und Weise kannst du auf deiner Unternehmensseite auch deine persönlichen Beiträge teilen.

Abschließend noch ein Gedanke zum Thema Follower: Es ist unfassbar zäh, für ein Unternehmensprofil Follower zu gewinnen. Das kann man in der Regel auch an seinem eigenen Nutzerverhalten beobachten: Vernetzungen mit Personenprofilen sind gängig, aber man folgt deutlich seltener Unternehmensprofilen. Deshalb solltest du auch keinen besonderen Aufwand hineinstecken, die Followerzahl voranzubringen. Das hat anfangs definitiv keine Priorität. Du kannst recht leicht über das Unternehmensprofil Personen aus deinem Netzwerk einladen, der Seite zu folgen. Aber du musst damit rechnen, dass nur wenige diese Anfrage auch annehmen werden. Habe da also nicht zu hohe Erwartungen.

Es kann sogar sein, dass deine Kontakte diese Option, Einladungen zu Unternehmensseiten, Events oder Newsletter zu erhalten, ausgeschaltet haben. Lade zu Beginn gerne Menschen ein, die du wirklich kennst, Freunde, Bekannte, Kunden, Geschäftspartner, dir auch auf der Unternehmensseite zu folgen, erwarte jedoch nicht allzu viel Resonanz. Eine Steigerung der Followerzahl sollte nicht auf deiner Agenda stehen – von einer hohen Zahl der Follower ist kein besonderer Effekt zu erwarten.

Deshalb an dieser Stelle meine Empfehlung: Lege dir – mit den nötigsten Inhalten versehen – auch als Selbstständiger ein Unternehmensprofil für deine Personenmarke an und versorge es von Zeit zu Zeit mit aktuellen Inhalten.

4.4   Social Listening

4.4.1 Wie funktioniert Social Listening?

Der nächste wichtige Schritt in die Sichtbarkeit, nachdem dein Profil angelegt ist, ist das Social Listening. Hierbei kommt eine typische Intro-Stärke zum Einsatz: das Zuhören. Allerdings geht es hier noch weiter. Wir wollen nicht nur geeigneten LinkedIn-Usern zuhören, sondern uns auch an der Diskussion beteiligen, das heißt mit Kommentaren auf ihre Beiträge reagieren. Das bringt uns einige Vorteile. Zum einen kann es dir helfen, deine Zielgruppe besser kennenzulernen:

* Wie verhält sie sich in LinkedIn? Wo ist sie selbst aktiv?
* Worauf reagiert sie? (Formate, Aktionen, Wording etc.)
* Welche Inhalte sind für sie interessant?

Gleichzeitig gibt es dir die Möglichkeit, mit anderen Usern in den Dialog zu treten schon bevor du eigene Beiträge erstellst. Das trainiert die Kommunikation in Social Media, ist aber auch ungemein hilfreich für den Algorithmus. Denn gerade die Interaktion mit anderen Usern zeigt LinkedIn, dass du am Netzwerk interessiert bist und dich austauschst. Infolge werden deine eigenen Beiträge besser ausgespielt.

Zudem ist es der erste wichtige Schritt in die Sichtbarkeit: Wenn du bei anderen LinkedIn-Usern kommentierst, wird dein Kommentar mit einer Vorschau deines Profils angezeigt. Dieser Inhalt ist nun für die Leser des kommentierten Beitrags sichtbar. Wenn dieser User eine hohe Reichweite hat, wird auch dein Kommentar auf diesen Post von vielen Menschen wahrgenommen und kann auch auf User attraktiv wirken, die (noch) nicht deine verknüpften Kontakte sind.

Warum macht es Sinn, sich in LinkedIn als aktives Mitglied zu zeigen?

- **LinkedIn ist ein Business Network**
  Beziehungen zu deinem Netzwerk aufzubauen ist der Grundgedanke dieser Plattform. Über die Kommentare kannst du mit den anderen Usern in den Dialog treten und Verbindungen herstellen. Du weckst Interesse und schaffst damit die Basis für weitere Interaktionen, auch über diesen Post hinaus. Das kann dir helfen, wertvolle Beziehungen zu potenziellen Kunden und anderen Branchenexperten aufzubauen.
- **Es steigert deine Sichtbarkeit**
  Wenn du auf LinkedIn bei fremden Beiträgen kommentierst, wird dein Bild mit Namen und Profilslogan für andere User sichtbar. Somit können Andere auf dich aufmerksam werden – vor allem natürlich, wenn du auch qualitativ hochwertige Kommentare absetzt und Mehrwert lieferst und/oder eine spannende Perspektive aufzeigst. Neugierige Leser können so direkt auf dein Profil klicken und sich weiter über dich informieren bzw. dir auch eine Vernetzungsanfrage stellen.
- **Du zeigst deine Expertise**
  Du könntest dir natürlich beliebige, reichweitenstarke Content Creator auswählen und dort stark polarisierende Kommentare verfassen, die mit deinem Thema gar nicht zusammenhängen. Das bringt zwar Reichweite, aber von den „Falschen" – denn deine Zielgruppe erreichst du so nicht. Bleibst du jedoch thematisch bei deinen Inhalten, kannst du in den Beiträgen nicht nur mit sozialem Interesse und Persönlichkeit punkten, sondern auch deine Expertise demonstrieren.

- **Der Algorithmus nimmt dich positiv wahr**
  Wenn du LinkedIn nicht nur nutzt, um deine (Werbe-)Botschaften
  in die Welt zu tragen, sondern auch in einen Dialog trittst, werten
  das sowohl die Leser, aber auch der LinkedIn-Algorithmus positiv.
  Letzterer sorgt dann dafür, dass deine Beiträge häufiger angezeigt
  werden. Du pushst damit also auch deine eigenen Inhalte.
- **Die Sichtbarkeit durch das Kommentieren unterstützt das Personal Branding und deine Positionierung**
  Du wirst häufiger mit deinem Thema, deiner Meinung, aber auch
  deinem Namen, Bild und Slogan in Verbindung gebracht, wenn
  du regelmäßig mit relevanten und wertvollen Kommentaren in Erscheinung trittst. Damit zeigst du deine einzigartige Perspektive und
  deinen Stil. Das kann dazu beitragen, dass User dein Profil mit bestimmten Themen in Verbindung bringen. Ein wichtiger Faktor für
  den Aufbau deiner Online-Reputation.

Die erste wichtige Aufgabe in diesem Zusammenhang ist die Beantwortung der Frage: Wem solltest du zuhören? Bei wem macht es Sinn, sich
aktiv unter ihren Beiträgen mit Kommentaren zu engagieren? Das sind
zum einen deine Zielkunden selbst, Menschen, deren Aufmerksamkeit
du haben möchtest, mit denen du direkt ins Gespräch kommen willst.
Einige davon sind dir sicherlich schon bekannt – vielleicht bist du auch
bereits mit ihnen vernetzt. Andere findest du nun über deren Follower
bzw. auch über die thematische Suche. Die zweite wichtige Gruppe sind
die Thought Leader oder auch Zielgruppenbesitzer genannt. LinkedIn-
User aus deinem Themenbereich, die in LinkedIn schon sehr aktiv sind.
Sie haben sich eine Reichweite mit Themen aufgebaut, die deinen sehr
nahe sind, und auch unter ihren Followern finden sich viele Personen
deiner Zielgruppe. Das können, müssen aber nicht unbedingt Wettbe-
werber sein. Oft sind es auch einfach sehr aktive Content Creator, mit
denen du thematische Überschneidungen hast, ohne dass ihr Konkurrenten seid. Dort aktiv zu werden bringt mehrere Vorteile: Auch hier
kannst du natürlich enorm viel lernen, worauf deine Zielgruppe reagiert. Zum anderen erreichst du über die Kommentare dieser Beiträge
viele Follower dieses Thought Leaders, die so auf dich und deine Gedanken aufmerksam werden. Auch deshalb ist es wichtig, dass du the-

matisch dicht bei deinem Thema bleibst. Dann findest du leichter einen Anhaltspunkt in den Beiträgen, also mehr Inspirationen, um in einen Dialog zu kommen, und kannst gleichzeitig mehr von deiner Expertise transportieren.

Ein wichtiger Tipp für die tägliche LinkedIn-Routine: Nichts ist zeitfressender, als seinen LinkedIn-Feed nach spannenden Inhalten zu durchforsten, mit denen man interagieren möchte. Schnell gehen nicht nur Minuten ins Land, wenn du dich von einem Beitrag zum nächsten hangelst, wenn du dich beim Durchscrollen berieseln lässt, in der Hoffnung darauf, auf einen Beitrag zu stoßen, den du kommentieren oder wenigstens liken magst. Um diese regelmäßige Aufgabe zielführend zu gestalten, empfiehlt es sich, geeignete Profil zu speichern, um die einzelnen Kontakte direkt aufzurufen und unabhängiger vom LinkedIn-Feed zu werden. Am besten wählst du dafür einen Weg, der mit deiner restlichen Arbeitsweise in Einklang zu bringen ist. Wenn du den Sales Navigator nutzt, kannst du dir diese Kontakte in einer Liste abspeichern. Arbeitest du eher mit Excel und Co., können Thought Leader auch in einer solchen Liste vermerkt werden. Auch dein Projektmanagement-Tool kann dich dabei unterstützen, in dem es dir dann auch gleich die tägliche Aufgabe dazu erstellt. Eine weitere Variante: Du kannst dir die geeigneten Kontakte auch als Lesezeichen in deinem Internetbrowser abspeichern. Aber Vorsicht: Öffne die nicht alle gleichzeitig, damit LinkedIn nicht auf die Idee kommt, dass du Automatisierungstools verwendest.

Mengenmäßig wollen wir es nicht übertreiben. Eine Anzahl von 10–15 attraktiver Kontakte, die auch regelmäßig Beiträge posten, reichen da völlig aus. Prüfe regelmäßig, ob sie noch Inspirationen für Kommentare liefern und tausche ggf. Kontakte in deiner Social-Media-Routine aus.

4.4.2 Wie kannst du bei fremden Inhalten in Erscheinung treten?

Wenn wir jetzt festgehalten haben, bei wem wir aktiv werden wollen, kommt im nächsten Schritt die Frage, wie du dort in Erscheinung treten möchtest. Ein Grundgedanke sollte dich hier immer leiten: Kommentiere so, wie du dir auch Kommentare unter deinen eigenen Beiträgen wünschst: wertschätzend und konstruktiv. Du möchtest dich als Experte ins rechte Licht rücken. Zu deinem persönlichen Stil gehört es vermutlich nicht, bei Konkurrenten negative Kommentare zu hinterlassen oder gar plump Werbung zu platzieren. In die Sichtbarkeit kommen wir viel eleganter. Ziel ist es stets, in den Dialog zu treten. Auch Widerspruch kann angezeigt sein, wenn du eine andere Sichtweise hast, gerade auch um in den Austausch mit dem Post-Ersteller oder andere Kommentierenden einzusteigen. Dann kann sich daraus ein sehr interessanter Austausch entwickeln, solange er fachlich bleibt und nicht in persönliche Themen abdriftet.

Ein wichtiger Gedanke hierbei: Bleib bei deinem Themenbereich. Allzu leicht findest du in LinkedIn Beiträge, die dich interessieren. Themen, zu denen du auch mitdiskutieren könntest, weil du eine andere Meinung dazu hast. Sobald du eine gewisse Anzahl inspirierender Menschen in dein Netzwerk aufgenommen hast, ist dein Newsfeed voll mit solchen Posts, die dich zum Kommentieren verleiten könnten. Aber: Anders als die auch privat genutzten Social-Media-Portale wie Facebook oder Instagram ist LinkedIn in erster Linie ein Business Portal. Das heißt wir beschäftigen uns damit, damit es uns für unseren Beruf nutzt – ganz gleich, ob das jetzt im Angestelltenverhältnis oder als Selbstständiger geschieht. Da ist deine Positionierung ein wichtiges Merkmal. Du willst mit einem gewissen Themengebiet in Verbindung gebracht werden und deine Expertise darin demonstrieren. Wenn du nun aber beliebig zu ganz anderen Themen deine Gedanken teilst, kann sich die Expertise nicht in den Köpfen der Leser verankern, du verwässerst deine Positionierung.

Das soll nicht bedeuten, dass Posts außerhalb deiner Expertise komplett tabu für dich sind. Auch aus Gründen der Netzwerkpflege ist das Kommentieren bei Kunden oder Kooperationspartnern und sicherlich auch bei Bekannten aus dem persönlichen Netzwerk sinnvoll, auch wenn das Thema nicht ganz zu deinem Angebot passt. Aber der Schwerpunkt sollte bei den Beiträgen liegen, bei denen du mit deiner persönlichen Expertise punkten kannst. So kann der Leser schneller lernen, dich mit deinem Thema auch zu verbinden.

Auch deshalb dürfen deine Kommentare eine gewisse Tiefe (und Länge) mitbringen. Zeige dem Post-Ersteller und den anderen Mitlesern, dass du dich mit dem Beitrag auseinandergesetzt hast und mit deiner fachlichen Expertise sowie deiner persönlichen Meinung nun mit in die Diskussion einsteigst. Ein einfacher Kommentar im Stile von „toller Beitrag!" reicht hier in der Regel nicht aus. Ob du dem Beitrag zustimmen willst oder eine andere Meinung vertrittst, spielt dabei letztlich keine Rolle, solange du es wertschätzend und dialogorientiert tust. Dann vermittelst du auch das Bild von dir und deiner Expertise, das du vermitteln möchtest.

4.5 Content, Content, Content

Zentral beim Thema Sichtbarkeit in Social Media ist die Präsenz mit eigenen Inhalten. Ich möchte dieses Kapitel deshalb dem Content widmen – warum ist er so wichtig für deine Sichtbarkeit, welche Herausforderungen gilt es als Introvertierter zu bewältigen und wie kannst du dich dieser Aufgabe systematisch annehmen?

Warum beschäftigen wir uns mit eigenen Beiträgen in LinkedIn – reichen denn das aussagekräftige Profil und deine Kommentare noch nicht aus? Leider nicht. Das ist der Nachteil von mehr als einer Mrd. anderer User, die um die Aufmerksamkeit unserer Leser buhlen. Mit hoher Wahrscheinlichkeit gibt es Anbieter in einem ähnlichen Segment oder mit einer ähnlichen Zielgruppe. Und die Leser sind in Social Media gewohnt, sich durch ihren Feed inspirieren zu lassen. Seltener ist man direkt auf der Suche nach einem geeigneten Dienstleister und landet auf einem Profil – der Content ist oft der erste Touchpoint, den du mit deinen potenziellen Kunden hast.

Denn am Ende geht es neben dem Wissen, dass es dich gibt, der Sichtbarkeit, auch um das Thema Sympathie- und Vertrauensaufbau. Man spricht deshalb gerne vom „Know – like – trust"-Funnel (siehe Abb. 4.3). Wir möchten erreichen, dass unser Netzwerk (und damit auch unsere potenziellen Kunden) uns kennen (know), uns (im Businesskontext) sympathisch finden (like), damit sie mit uns zusammenarbeiten mögen, aber eben auch, dass sie uns vertrauen (trust). Uns als

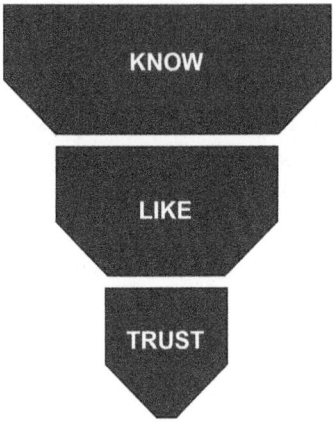

Abb. 4.3 Der „Know – Like – Trust" – Funnel

Person, unserem Angebot, unserer Kompetenz darin und auch, dass sie das gewünschte Ziel mit uns erreichen werden.

Um in LinkedIn sichtbar zu werden, aber auch für den Sympathie- und Vertrauensaufbau ist dein eigener Content deshalb eine wichtige Säule. So kannst du deine Themen platzieren, deine Leser mit deiner Expertise überzeugen und auch immer deine Persönlichkeit, deine persönliche Werte transportieren. Gerade für Solopreneure im Dienstleistungsbereich (z. B. im Coaching oder in der Beratung) ein nicht unwichtiger Part, denn Interessenten möchten gerne im Vorfeld prüfen, ob die Chemie stimmt, ob man auf einer Wellenlänge schwimmt.

Der Grundgedanke, der dahintersteckt, nennt sich Inbound Marketing, oder wird auch Sog-Marketing genannt. Inbound-Marketing bedeutet, potenzielle Kunden anzuziehen, statt ihnen hinterher zu laufen. Es geht also um qualitativ hochwertigen Content, der einen Mehrwert für deine Interessenten bringt und damit attraktiv wird. Es basiert auf der Idee, dass du Beiträge veröffentlichst, die für deine Zielgruppe relevant und nützlich sind, sodass sie neugierig auf dich und dein Angebot werden und mit dir in Kontakt treten mögen.

Als leiser Mensch in die Sichtbarkeit? Eine digitale Visitenkarte in Form eines LinkedIn-Profils anzulegen, ist in der Regel schnell gemacht.

Als introvertierter Mensch mit den eigenen Themen durch Kommentare bei anderen in die Sichtbarkeit zu kommen, ist dann schon eine deutlich größere Hürde. Und bei der Frage, wie man sich mit eigenen Beiträgen in Social Media präsentiert, haben viel leise Selbstständige das Gefühl vor einem großen Berg zu stehen, der schier unüberwindbar ist. Dieses Gefühl kann ich absolut nachvollziehen – auch ich konnte mir anfangs nicht vorstellen, dass es Menschen gibt, die sich für mein Thema interessieren könnten. Es schien mir unmöglich, Beiträge so zu verfassen, dass ich – und mein Thema – gut rüberkommen. Dabei bringen wir Introvertierte jedes Rüstzeug mit, das nötig ist, um in Social Media aktiv und attraktiv zu werden. Auch – oder vielleicht sogar gerade – beim Thema Content-Erstellung (siehe auch Abschn. 3.6): unsere Fähigkeiten in der schriftlichen Kommunikation, Empathie, ausgeprägte Expertise und eine Vorliebe für Strukturen und Routinen.

Ich möchte den großen Berg in verdaulichere Häppchen aufteilen – wir nähern uns dieser Aufgabe Schritt für Schritt. Wir werden uns deshalb zunächst dem widmen, was dir bereits naheliegt: Dein Thema und deine Expertise. Im nächsten Schritt geht es um deine Content-Strategie, welche Posttypen und -formate es gibt, wie du deine Ideen sammelst und Strukturen fürs Posten entwickelst. Und natürlich werden wir uns auch, am Schluss, mit der Frage beschäftigen, welche Beiträge am besten funktionieren.

4.5.1 Dein Thema – deine Expertise transportieren

Wie bringst du dein Thema auf LinkedIn? Es geht mir an dieser Stelle noch nicht darum, einen ausgeklügelten Redaktionsplan für die nächsten 6–12 Monate mit allen einzelnen Posts zu erstellen, sondern zunächst einige Rahmenbedingungen zu definieren, die dir bei der Content-Erstellung hilfreich sein werden. Denn vor allem als Soloselbstständiger gilt es die Waage zu halten von Vorausplanung und Struktur zu Perfektionismus. Hier ist ein pragmatisches, agiles Vorgehen zu empfehlen. Dann wird auch das eigene Learning berücksichtigt, um die Inhalte stetig zu verbessern. Ein starrer Redaktionsplan gleich zu Beginn lässt zu wenig Raum für das Reagieren auf aktuelle Ereignisse oder für spontane

Ideen. Es berücksichtigt auch nicht, dass der Algorithmus der genutzten Plattform sich permanent weiterentwickelt. Mag zum Zeitpunkt des Entstehens eines Redaktionsplans eine bestimmte Content-Art, ein bestimmter Stil, ein bestimmtes Thema gut funktioniert haben, kann das in einigen Wochen ganz anders aussehen.

Aber auch ohne detaillierten Redaktionsplan brauchen wir eine Strategie für unsere Content-Gestaltung und -Veröffentlichung.

Was meine ich, wenn ich von Content-Strategie spreche? In LinkedIn wird es uns sehr leicht gemacht, direkt Beiträge zu veröffentlichen: Das Editorfeld für deinen nächsten Beitrag prangt direkt über deinem Feed. Du kannst also direkt loslegen und beliebige Texte veröffentlichen. Du bist auf dieser Plattform jedoch angetreten, weil du ein Ziel hast: Sichtbarkeit, Aufbau der Online-Reputation, Knüpfen von Kontakten und/oder die Neukundengewinnung. Deshalb sollten deine Beiträge auch auf diese Ziele einzahlen. Letztlich geht es beim Thema Content-Strategie darum, dass du nicht einfach drauflos postest, sondern dass du dir über verschiedene Aspekte im Vorfeld Gedanken machst. Und auch, dass du diese Aktivitäten dauerhaft in deinen Tagesablauf etablierst. Es nutzt dir und deinem Business nicht viel, wenn du zwei Wochen lang täglich einen Beitrag erstellst, aber danach nicht dranbleibst.

In der Content-Strategie legst du vorher deine Rahmenbedingungen fest:

- Was sind meine Themen? Wo finde ich die?
- Wie häufig poste ich – und wann?
- Welche Postformate taugen für mich? (Bild/Text, Videos, Slideshows …)
- Wie gestalte ich meine Beiträge so, dass ich meine LeserInnen zur Interaktion bringe?
- Plane ich weitere Maßnahmen wie Umfragen, Events, Lives, Audios etc. und wie vermarkte ich sie?
- Wie komme ich in die regelmäßige Umsetzung? Wie entwickle ich Routinen, die ich auch dauerhaft einhalten kann?

Einen Überblick über die Rahmenbedingungen findest du in Abb. 4.4.

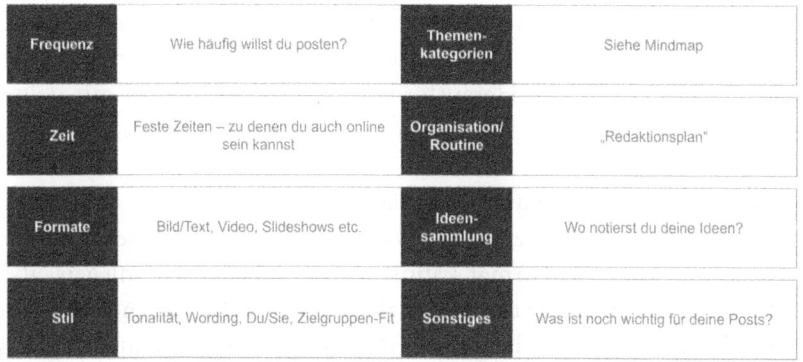

Frequenz	Wie häufig willst du posten?	Themen-kategorien	Siehe Mindmap
Zeit	Feste Zeiten – zu denen du auch online sein kannst	Organisation/ Routine	„Redaktionsplan"
Formate	Bild/Text, Video, Slideshows etc.	Ideen-sammlung	Wo notierst du deine Ideen?
Stil	Tonalität, Wording, Du/Sie, Zielgruppen-Fit	Sonstiges	Was ist noch wichtig für deine Posts?

Abb. 4.4   Deine Content-Rahmenbedingungen im Überblick

Was sind deine Themenkategorien? Der erste Schritt ist es, dir ein Bewusstsein darüber zu verschaffen, was deine Themenkategorien sind. Je nach Branche, Angebot, Spezialisierung und/oder Zielgruppe ist das natürlich sehr individuell. Wichtig ist hier, dass wir eine Ebene tiefer als deine Berufsbezeichnung gehen. Du schreibst also nicht über „Coaching", sondern beispielsweise über „Herausforderung als Elternteil eines Teenagers" oder über „Berufseinstieg nach langer Pause". Themenkategorien könnten etwa sein:

- **Als Ernährungsberater:** Essen unterwegs, Nahrungsergänzungsmittel im Überblick, Kochen mit der Familie
- **Als Texter:** Texte für Social Media verfassen, Tipps zu Rechtschreibung und Grammatik, Schreiben für Branche XY
- **Als Tanzlehrer:** Über Standard-Tänze, Geschichte des Tanzes, Techniken fürs Warmup, Musikstücke
- **Als Kunstgalerie:** Ausstellungen, Messebesuche, Künstler, Kunststile, Tipps zur richtigen Hängung zu Hause
- **Als Immobilienmakler:** Aktuelle Objekte, Tipps zum Wohnen (Heizen, Beleuchtung, Verwaltung), Steuerinfos

Erstelle dir eine Liste mit deinen Themenkategorien. Eventuell kannst du einige Punkte zusammenfassen, die in eine ähnliche Richtung gehen. Das Ziel ist nicht, möglichst viele Kategorien zu finden, sondern das auf eine Handvoll Metathemen einzudampfen. Themen, mit denen der Leser dich verbinden soll. Denk diese Themenkategorien immer aus der Sicht des Lesers. Welche Herausforderungen hat er, die du mit deiner Expertise lösen kannst?

Themen und Unterthemen Der nächste Schritt ist nun, dafür sinnvolle Unterkategorien anzulegen. Was passt jeweils in diese Hauptkategorien mit rein? Als Format kannst du das tabellarisch anlegen, aber auch eine Mindmap bietet sich hier als übersichtliche Variante ab (siehe Abb. 4.5). Eine zentrale Frage, die du dir bei der Content-Erstellung immer stellen sollte, ist die deines Lesers: „What's in there for me?" Was hat er davon, wenn er deine Texte liest? Es geht nicht darum, Zahlen, Daten, Fakten zu transportieren oder über dein Angebot zu referieren, sondern zu vermitteln, dass du den Leser verstehst, indem du auf seine Probleme und Wünsche eingehst. Deine Expertise spielt da automatisch mit rein, wenn du deine Antwort auf diese Fragestellungen des Lesers gibst, aber sie ist nicht der eigentliche Anlass für den Post. Begriffserläuterungen oder lange Exkurse über eine Methodik oder ein Tool kann man in Wikipedia und Co. nachschlagen. Der Leser interessiert sich für deine Einordnung bestimmter Fragestellungen, deine Lösungsansätze und deine Gedanken und Meinung zum Thema.

Was bedeutet eigentlich „Mehrwert liefern"? Diese Frage hast du dir vielleicht auch schon gestellt. Sie lässt sich mit der Anforderung beant-

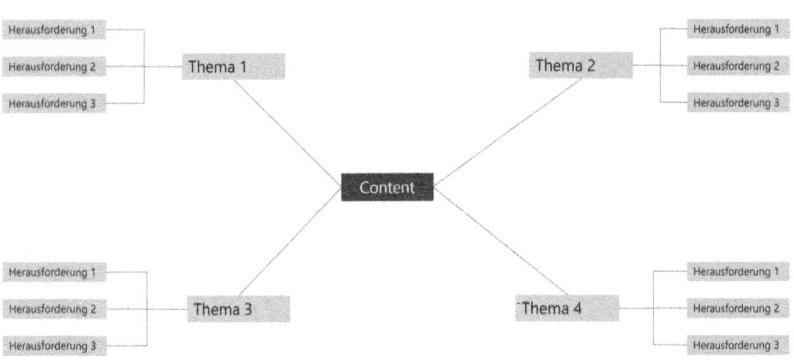

Abb. 4.5 Deine Themenkategorien als Mindmap

worten, die dein Leser an deine Beiträge stellt. Da der Mehrwert immer wieder als die Quintessenz eines guten Beitrags angesprochen wird, möchte ich dem Thema einige Gedanken widmen. Ganz gleich, wie du den Post verfasst, sollte immer der Leser im Fokus stehen. Es geht also weniger darum, was du zu berichten hast, sondern darum, was dein Leser davon hat, wenn er dem Text seine Zeit widmet (und nicht einem anderen Beitrag). Deshalb geht es vor allem immer auch um die Frage: Welchen Mehrwert lieferst du, den kein anderer liefern kann? Dieser Mehrwert kann sehr unterschiedlich verstanden werden. Natürlich ist es im Kern deine Expertise, dein Fachthema. Dabei gilt es jedoch wie bereits erwähnt weniger darum, lange bzw. tiefe wissenschaftliche Abhandlungen abzuliefern, sondern vor allem darum, deine Einordnung der Fakten zu bringen. Darum, konkrete Fragen zu beantworten und Herausforderungen zu lösen. Aber auch, und das darf an dieser Stelle nicht unerwähnt bleiben, Humor und Persönlichkeit können ebenfalls einen Mehrwert stiften. Deshalb darf es auch mal was Komisches sein, oder eben etwas Persönliches. Wenn der Leser einmal herzlich lachen konnte, stellt das im Arbeitsalltag durchaus einen Mehrwert dar. Insofern beachte: Mehrwert bedeutet nicht ausschließlich fachliche Tiefe, sondern ein Verständnis dafür, was die Zielgruppe lesen möchte.

Zeit und Frequenz Ein weiterer Aspekt deines Content ist die Veröffentlichungszeit sowie die Frequenz. Wie häufig will ich Beiträge bringen? Was ist für mich der beste Wochentag bzw. Uhrzeit für die Veröffentlichung?

Zur Frequenz ist zu sagen: lieber moderat starten als sich zu viel vorzunehmen. Täglich posten ist anfangs überambitioniert, aber mit 1–2-mal in der Woche kann man gut in den Rhythmus kommen. Wichtig ist, dass du eine Frequenz für dich findest, die du auch einige Wochen beibehalten kannst.

Die Frage, an welchem Wochentag und zu welcher Uhrzeit du posten solltest, hängt eng mit deiner Zielgruppe zusammen. Wähle eine Zeit, in der diese Zielgruppe auch in LinkedIn aktiv ist. Grundsätzlich lässt sich auf einer Business Plattform eine optimale Zeit über alle User hinweg feststellen: Unter der Woche, während klassischer Arbeitszeiten

zwischen 8 und 18 Uhr (wenn man von identischen Zeitzonen ausgeht) – gerne am Tagesrand bzw. um die Mittagszeit sind gängige Zeiten sowohl für Angestellte wie auch für Selbstständige, um in LinkedIn
aktiv zu sein. Aber das kann bei deiner Zielgruppe ganz anders aussehen. Auch gilt zu berücksichtigen: Wer zur gleichen Zeit Beiträge bringt
wie alle anderen Content Creator auch, hat natürlich auch jede Menge
Konkurrenz. Nicht nur von direkten Wettbewerbern, sondern auch eine
Konkurrenz um die Aufmerksamkeit ganz allgemein. Dann gibt es zeit-
lich auch viele andere spannende Dinge zu lesen und ein einzelner Beitrag geht leicht unter. Da kann es sich auch mal empfehlen, azyklisch zu
agieren. So würde man generell vermuten, dass Posts am Wochenende
weniger gut funktionieren, weil weniger Menschen online sind. Aber
die Erfahrung zeigt, dass samstags und sonntags durchaus gute Tage für
die Content-Veröffentlichung sein können: Den Usern, die dann aktiv
sind, fällt der Beitrag unter Umständen besser ins Auge.

Auch die Frage nach dem idealen Postzeitpunkt lässt sich durch Ausprobieren und Analysieren beantworten. Für den Start ist es jedoch ratsam, mit den gängigsten Zeiten zu beginnen und sich zu anderen Zeiten vorzutasten.

Formate Daneben ist zu entscheiden, in welchem Beitragsformat du
deine Themen bringen möchtest. In LinkedIn – wie in den meisten anderen Social-Media-Plattformen – kannst du deine Themen in unterschiedlichen Formaten zu präsentieren. Das gibt dir viel Gestaltungs-
freiheit, deine Beiträge auf verschiedene Weisen aufzubereiten. Nicht
jedes Format wird zum Thema, zur Zielgruppe oder auch zu dir passen.
Auch ist zu berücksichtigen, dass sie unterschiedlich gut vom LinkedIn-
Algorithmus ausgespielt werden.

Um die Frequenz, die du dir bei deiner Content-Strategie vorgenom-
men hast, auch durchzuhalten, empfehle ich immer, mit einfachen Formaten zu starten. Wähle ein Format, das dir leicht(er) fällt – hier muss
man es sich nicht unnötig schwer machen. Es macht wenig Sinn, zwei-
mal pro Woche Videobeiträge einzuplanen, wenn die Hürde, dich selbst
vor die Kamera zu stellen, so hoch ist, dass du es immer wieder vor dir
herschiebst. Dann haben einfache Textposts, die auch wirklich veröffentlicht werden, eine sehr viel höhere Wirkung.

Beachte aber auch: Das Beitragsformat muss zwar zu dir und deinem Arbeitsmodus passen, um die Hürde der Veröffentlichung möglichst klein zu halten. Aber – wie heißt es so schön: Der Köder muss nicht (nur) dem Angler schmecken, sondern vor allem dem Fisch. Deine Beiträge sollen dich und deine Positionierung widerspiegeln und vor allem attraktiv auf deine Leser wirken. Ein Beispiel: Wenn du als Texter in die Sichtbarkeit kommen willst, ist ein LinkedIn-Post in reiner Textform nicht nur ein Marketing-Instrument, sondern gleichzeitig auch eine Leseprobe deiner Arbeit. Bist du als Fotografin aktiv, kannst du deine Beiträge mit deinen eigenen Fotografien bestücken und somit auch gleich deine Kompetenz belegen. Ich möchte dir im Nachfolgenden einige „klassische" Beitragsformate vorstellen, die du in LinkedIn zum Einsatz bringen kannst.

Bild- und Textposts – der Einstieg: Der Standard in vielen Portalen wie LinkedIn, Facebook und Co. Bei den Bildern sind der Fantasie keine Grenzen gesetzt, solange die Bildrechte geklärt sind und die Bildinhalte nicht gegen die jeweiligen Richtlinien verstoßen. Bei den Bildformaten ist ein quadratisches oder gar ein 5:4-Format gerade sehr populär – nimmt es doch den größtmöglichen Platz im Feed ein. Kurze knackige Aussagen oder Schlüsselbegriffe auf dem Bild helfen dem Leser, schnell zu erkennen, ob er den weiterführenden Text lesen möchte. Auch beim Text hilft es, die Lesegewohnheiten im Netz zu beachten: die kurze Aufmerksamkeitsspanne der User macht es wirksam, den Text in kurzen, prägnanten Aussagen, mit Leerzeilen dazwischen zu gestalten. Emojis, vor allem bei Aufzählungen, lockern einen Text auf.

Es ist – anders als etwa in Instagram – auch möglich, reine Textposts, ganz ohne visuelle Elemente, zu veröffentlichen. Und das ist gar nicht als Notlösung zu verstehen – reine Textposts können durchaus erfolgreich sein. Wenn das Thema dem Leser einen Mehrwert bietet, dann braucht es für das Wecken des Leserinteresses nicht zwingend ein Bild. Vor allem, wenn das Bild nur eine beliebige Illustration mit einer Abbildung aus der Bilddatenbank darstellt, ohne dass es einen wirklichen inhaltlichen Bezug zum Post hat, ist das sogar eher kontraproduktiv. Dann fehlt dem Bild die Aussagekraft und der Post wird nicht wirklich wahrgenommen. Da ist es besser, auf ein solches nichtssagendes Bild zu verzichten. Wichtig ist in diesem Fall aber ein knackiger Einstieg, der den Leser zum Verweilen beim Post einlädt.

Natürlich haben wir das Ziel, mit den Beiträgen auf unsere Expertise aufmerksam zu machen. Aber anders als in einer fachlichen Publikation wollen wir bei LinkedIn-Beiträgen nicht so sehr in die Tiefe gehen. Dafür ist die Aufmerksamkeitsspanne in Social Media zu kurz. Ist der Beitrag zu lang, scrollt manch Leser schon zum nächsten Beitrag weiter. Deshalb gilt hier: Fasse dich kurz! Längere Beiträge passen besser für einen Blogbeitrag auf der Webseite oder ähnliche Medien.

Wie lange darf ein solcher Textbeitrag sein? Nun, es kommt darauf an. LinkedIn-Experten empfehlen eine mittlere Länge von 900–1200 Zeichen. Aber je nach Thema können sowohl ganz kurze wie auch deutlich längere Beiträge gut abschneiden. Mein Credo an dieser Stelle: Der Beitrag darf so lange sein, wie es für den Leser interessant ist. Es kann sowohl ein kurzes Statement interessant und auch interaktionsfördernd sein, bei dem nur wenige Zeichen gebraucht werden. Aber wenn es auch mal inhaltlich in die Tiefe geht – und der Text spannend geschrieben und inhaltlich wie auch visuell gut strukturiert ist – kann man seine Leser auch bei der vollen Ausschöpfung der Zeichenlänge fesseln. Wie immer gilt: testen, testen, testen. Starte mit der Empfehlung der LinkedIn-Experten für die mittlere Textlänge, aber experimentiere auch immer wieder mit längeren oder kürzeren Textbeiträgen, je nachdem, was zum Thema passt. Denn jede Zielgruppe hat ihre ganz eigenen Vorlieben, wieviel sie lesen mögen.

Eine andere Variante, um fachliche Tiefe zu transportieren, wenn der Text nicht so lang sein soll: Teile deine Inhalte auf mehrere „Content-Schnipsel" auf. Entweder ersichtlich als Reihe (LinkedIn-Tipps: Teil 1 von 5) oder auch ohne erkennbaren Zusammenhang – so kannst du alle Informationen bringen, ohne den Leser zu überfordern. Gleichzeitig hast du auch Material für gleich mehrere Beiträge.

Beim Thema Bilder stellt sich immer wieder die Frage: muss es denn immer ein Bild von mir selbst sein? Klassische Selfies – ob jetzt wirklich selbst geschossen oder doch ein professionelles Bild von einem Fotografen – bringt man direkt mit Social Media in Verbindung. Ein Abbild des Beitragserstellers ist die ideale Selbstdarstellung, vor allem, wenn es im Post um persönliche Themen geht. Aber das ist nicht jedermanns

Sache. Fakt ist: ein menschliches Gesicht im Beitragsfeed lässt die Leser vor dem Weiterscrollen innehalten. Gleichzeitig zahlt es auf den Wunsch der Leser ein, ihre Kontakte auch besser kennenzulernen, wenn sie ein Gesicht mit der Textaussage verknüpfen können. Aber jeden Tag mein Gesicht in die Kamera halten? Das ist gerade leisen Menschen doch oft unangenehm. Ganz klar: Es ist kein Muss. Ein Beitrag kann sehr gut auch ohne Bild funktionieren. Oder du gestaltest ein Beitragsbild aus anderem Fotomaterial mit Schrift- und grafischen Elementen, die zu deinem Design passen. Allerdings werden sich auch deine Leser freuen, wenn sie sich auf diesem Wege auch ein wenig kennenlernen können. Wie gesagt, das muss nicht der selbstgeknipste Schnappschuss sein. Nur mit viel Übung gelingt es einem dabei, so zu wirken, wie man das haben möchte – in Beleuchtung, Kamerawinkel, Gesichtsausdruck und vielem mehr. Das kann auch ein professionelles Foto vom Fotografen sein, mit dem du dich wohlfühlst. Dieses Bild darf auch wiederholt gebracht werden, um den Wiedererkennungseffekt zu fördern. Es muss also nicht immer ein brandneues Foto sein.

Slideshows – echte Scrollstopper: Ein Special aus dem LinkedIn-Universum, das sich derzeit großer Beliebtheit erfreut: eine Reihe von meist quadratischen Bildern mit knackigen Texten, oft als Aufzählungen, bringen die Kernaussage auf den Punkt. Diese Slides kann man grafisch ansprechend aufbereiten, sodass sie ein echter Eyecatcher im LinkedIn-Feed sind. Gleichzeitig transportieren sie die Message – einem Elevator Pitch gleich – in nur wenigen Stichworten.

Ein Format, das seine Wirkung mit jedem einzelne Slide entfaltet. Dadurch, dass die Leser eine gewisse Zeit brauchen, bis sie die einzelnen Slides durchgeklickt haben, erhöht sich die Verweildauer auf dem Post, was sich wiederum positiv auf den Algorithmus auswirkt. LinkedIn stuft solche Beiträge mit langer Verweildauer als wertvoll ein und spielt sie in der Folge besser aus – mehr Menschen können diesen Beitrag sehen.

Deshalb zählen Slideshows zu den wirkungsvollsten Beitragsformaten. Allerdings nur dann, wenn sie auch inhaltlich und visuell gut aufbereitet sind: Es braucht einen klaren Fokus, eine klare Botschaft, die du kommunizieren willst, wenn du die Aufmerksamkeit deiner Leser behalten möchtest. Deshalb sollte die Slideshow nicht zu lange sein – die LinkedIn-User wünschen sich die Inhalte schnell und leicht verdaulich. Auch auf die visuelle Aufmachung gilt es zu achten: Hochwertige Abbildungen, aussagekräftige Illustrationen und eine konsistente Visualisierung, die auf dein Branding einzahlt, braucht es genauso wie wirkungsvolle Überschriften und prägnante Texte, um neugierig zu machen und zu informieren. Eine gute Struktur lässt den Leser dann auch bis zum Ende dranbleiben. Idealerweise hat es auch interaktive Elemente, die den Leser zum Mitdenken animieren und am Ende auch zu einer Handlung veranlassen – etwa mit dir Kontakt aufzunehmen. In Summe also ein wirkungsvolles, aber auch recht aufwendiges Format.

Videos – lang oder kurz: Follower auf YouTube wollen selbstverständlich Videos sehen, dafür ist die Plattform gemacht. Auf anderen Social-Media-Plattformen ist Bewegtbild jedoch die Kür und Videos können sich von den anderen Beiträgen abheben. Wie lang die jeweils sein sollen, ist stark vom Inhalt abhängig. Auch die Qualität hat eine enorme Spannweite: von den aufwendig produzierten Imagevideos, die professionelle Filmcrews erstellt haben, bis hin zu ad hoc gedrehten Handyvideos findet sich alles auf Social Media wieder. Besonders beliebt sind aktuell die kurzen, spontan wirkenden Videos. TikTok hat hier vorgelegt, aber auch andere Plattformen wie Instagram mit Reels ziehen hier nach. Auch auf LinkedIn entsprechen kürzere Videos der generell kurzen Verweildauer der User. Kaum ein LinkedIn-Nutzer hat die Muße, sich 5-10minütige Videos anzuschauen. Da sind kurze Videos leichter verdaulich – und auch leichter zu produzieren.

Den Erfolg von Videos sehe ich ambivalent – je nachdem, welchen Gradmesser für den Erfolg man anlegt. Oft ist es so, dass Videobeiträge im Vergleich zu Text- oder Bildbeiträgen schlechter ausgespielt werden, also eine niedrigere Reichweite haben. Leider werden Videos oft nicht zu Ende angeschaut, sodass die Botschaft möglicherweise nicht im Detail ankommt. Nicht unbedingt das, was wir wollen, oder? In reinen Zahlen wie Reichweite oder Interaktionen gemessen, zählen Videobeiträge oft zu den Flops. Aber die emotionale Wirkung eines solchen Beitrags darf nicht unterschätzt werden. Mit kaum einem anderen Format wirkst du so nahbar, so authentisch wie in einem Videobeitrag. Die LinkedIn-User können dich live – bewegt und in Farbe – erleben. Gerade wenn du in deinen Projekten im direkten Austausch mit deinen Kunden stehst, können Interessenten hier einen sehr greifbaren Eindruck von dir bekommen, davon, wie sich eine Zusammenarbeit mit dir anfühlen würde. Ein unfassbarer Wert für das Personal Branding, wenn die Interessenten schon das Gefühl bekommen, dich zu kennen, bevor das erste direkte Gespräch stattfindet. Nicht selten führen deshalb Videobeiträge auch zu Vernetzungsanfragen oder auch zu direkten Anfragen nach einer Zusammenarbeit.

Umfragen – für mehr Interaktion: Auch wenn es eine Zeitlang beinahe inflationär eingesetzt wurde, sind Umfragen auf LinkedIn immer noch ein gutes Mittel, um seine Leser zum Mitmachen anzuregen. Dabei handelt es sich nicht um wissenschaftlich fundierte Surveys, sondern um den Versuch, die Leser durch knappe und simple Fragen zum Mitmachen anzuregen. Demzufolge ist die Aussagefähigkeit solcher Umfragen beschränkt, aber das ist hier auch gar nicht das Ziel. Auf eine knappe Frage soll mit 2–4 vorgegebenen Antwortmöglichkeiten abgestimmt werden. Ergebnis nach sieben Tagen ist dann eine prozentuale Verteilung der Antworten. Welchen Vorteil bringen Umfragen? Es ist ein niedrigschwelliges Angebot zur Interaktion. Ich stelle meinen Lesern leicht zu beantwortende Fragen, nach ihrer Meinung, ihrer Praxis, ihren Erlebnissen. Antworten, die kein langes Recherchieren nötig machen, sondern aus dem Bauch heraus beantwortet werden können. Kleiner rhetorischer Kniff: Die Leser können die prozentuale Verteilung der Antworten sehen, nachdem sie abgestimmt haben. Wenn ich also meine Frage so stelle, dass der Leser selbst ein Interesse daran bekommt, zu erfahren, wie andere diese Fragen beantworten, steigt die Wahrscheinlichkeit, dass er auch eine Stimme abgibt.

Wie gesagt, Ziel ist es nicht, diese Abstimmungen auszuwerten. Aber neben der Steigerung der Interaktion ist es gleichzeitig auch eine Gelegenheit, die Umfrage-Teilnehmer im Nachgang auf ihre Abstimmung anzusprechen.

Künstliche Intelligenz für deine Beiträge Einige Gedanken an dieser Stelle noch zur Künstlichen Intelligenz (KI). Gerade in den letzten Wochen und Monaten erleben wir einen immensen Aufschwung in den technischen Möglichkeiten, vor allem dergestalt, dass die KI jetzt auch von Menschen mit wenig technischem Hintergrundwissen genutzt werden kann. Ob das für die Text- oder Bilderstellung genutzt wird, zur Ideenfindung oder zur Recherche – die Anwendungsmöglichkeiten von KI sind vielfältig. Und sie sind bei weitem noch nicht ausgeschöpft. Man muss kein Hellseher sein, um vorauszusagen, dass Künstliche Intelligenz den Menschen in absehbarer Zukunft auf ganz vielfache und teils noch ungeahnte Weise unterstützen wird.

Das kann auch bei der Erstellung von Posts eingesetzt werden. Vielleicht hast du dich gefragt, wie du diesen Content auch schneller und effizienter erstellen kannst. Denn es ist eine Daueraufgabe, die als Selbstständiger neben dem Tagesgeschäft noch anfällt. Hier können wir uns natürlich auch Unterstützung holen, sei es durch externe Dienstleister oder eben durch die Künstliche Intelligenz.

Beim Einsatz von KI gilt letztlich dasselbe zu beachten wie beim Auftrag an einen menschlichen Externen: es braucht ein sorgfältiges Briefing. Oder in KI-Sprache ausgedrückt: Einen gut formulierten Prompt, der zum gewünschten Ergebnis führt. Zaubern kann auch KI (noch?) nicht. Mittlerweile gibt es Software-Lösungen, die sich auf Social-Media-Redaktion spezialisiert haben, deren Befütterung mit den nötigen Informationen optimiert ist.

Worauf gilt es zu achten, wenn du die Künstliche Intelligenz (wie aktuell etwa ChatGPT) für deine Content-Erstellung nutzen willst?

1. **Setze klare Ziele.**
   Ein einfacher Prompt, der nur das Thema beinhaltet, bringt nicht den gewünschten Effekt, wenn die KI nicht weiß, was du damit erreichen willst. Je nachdem, ob du deine Reichweite erhöhen willst, ein hohes Engagement erreichen willst oder dein Ziel die Kundengewinnung ist, wird die Formulierung unterschiedlich ausfallen.
2. **Nutze geeignete Software-Lösungen.**
   Auch wenn ChatGPT aktuell ein gängiges Tool ist, kann es für diesen Zweck zu unspezifisch sein, oder zu aufwendig bei der Prompterstel-

lung bzw. Zugabe von Informationen. Gerade auch wenn es darum geht, dass die Künstliche Intelligenz lernen soll, mit deinem Thema, mit deiner Zielsetzung umzugehen, ist es hilfreich, spezialisierte Tools zu nutzen, die dieses Training und Feintuning besser unterstützen.

3. **Prüfe die generierten Inhalte.**
Wir sind noch nicht so weit, dass wir von der KI generierte Posts direkt übernehmen könnten, ohne sie noch mal zu prüfen. Denn auch die KI kann nur ein Ergebnis liefern aus den Informationen, auf die sie zugreifen kann bzw. mit denen wir sie versorgt haben. Ob die so generierten Aussagen korrekt sind – bzw. unsere Zielsetzung wirklich widerspiegeln – muss am Ende noch mal der Mensch prüfen.

So eingesetzt kann KI eine große Zeitersparnis bringen, da sie die Inhalte schneller erstellt als wir das manuell könnten. Gleichzeitig kann KI dann auch dafür sorgen, dass die Beiträge konsistenter wirken, da sie den Stil und Tonalität beibehält – und weniger von menschlichen Launen gesteuert wird. Damit kannst du eine große Menge an Content generieren, um deine Social-Media-Präsenzen auszubauen.

Einen großen Nachteil sehe ich noch im Aufwand für die Qualitätssicherung. Gerade in der Anfangszeit wird man noch nachjustieren müssen, bis das gewünschte Ergebnis erzielt wird. Aber auch die Frage der Persönlichkeit darf nicht außenvorgelassen werden. Die KI kann fachlich korrekte Beiträge erstellen und auch eine bestimmte Tonalität dabei treffen. Aber spricht sie dann noch deine Sprache? Erkennen die Leser dich noch in deinen Posts wieder? Ein wesentlicher Aspekt von Social Media auf leise Art ist der menschliche Zugang zu deinen Social-Media-Followern – der kann durch einen künstlichen oder unpersönlichen Ton verloren gehen. In der Folge sinkt die Interaktion mit deinen Lesern. Schlussendlich kann auch deine Originalität verloren gehen. Die Inhalte sind weniger einzigartig, weniger individuell, da sie auf vorherigen Daten basieren – jeder andere Anbieter könnte diesen Post so bringen. Das nimmt uns unter Umständen unser Alleinstellungsmerkmal, unsere Besonderheit am Markt.

Insofern ist eine gewisse Vorsicht geboten. Persönlich habe ich recht wenig Anwendungsfälle für die Nutzung von KI. Bis alle Informationen für einen Prompt zusammengestellt sind – bis dahin kann man auch selbst (mit ein wenig Übung) Posts erstellen. Zumal wir, als Experten auf unserem Gebiet, für die Posts gar nicht recherchieren müssen, da wir auf unseren eigenen Wissensschatz zurückgreifen können. Tatsächlich kann man es als Faustregel ansehen: wenn ich für einen Post weitere Informationen recherchieren muss, die ich als Experte nicht parat habe, dann ist der Beitrag entweder zu kompliziert – oder aber er führt zu weit an meinem Thema vorbei.

Wofür Künstliche Intelligenz aber hervorragend geeignet ist, ist die Inspiration. Ein kurzer Prompt mit einer Frage, die dich umtreibt, liefert dir einen Impuls, worüber du schreiben kannst, vielleicht auch, wie die Struktur ausgestaltet werden kann. Aber das Ausformulieren übernehme ich persönlich dann doch gerne selbst.

4.5.2 Der Dreiklang der Inhalte

Unabhängig davon, für welches Format du dich entscheidest, gibt es noch eine weitere Unterteilung deiner Beiträge in Abhängigkeit von deiner Zielsetzung (Abb. 4.6): Reichweitenposts – Expertenposts – Conversionposts.

Bei einem Reichweitenpost geht es im Wesentlichen darum, dich und deine Persönlichkeit zu zeigen. Deshalb wird es auch gerne Social Content genannt, denn hier bauen wir Reichweite und auch Sympathie bei deinen Followern auf. Thematisch wird es hier meist etwas flacher: Es

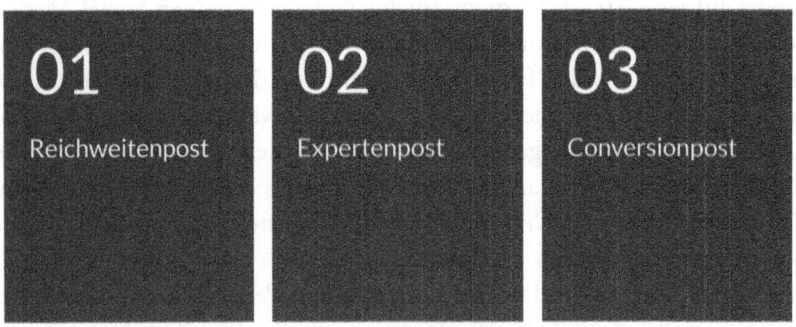

Abb. 4.6 Content-Erstellung „Der Dreiklang der Inhalte"

geht um Geschichten aus deinem Leben, deiner bisherigen Reise, deinen Werten, Erkenntnissen und Erfahrungen. Das muss nicht gleich der klassische „Cat Content" sein, aber das Thema ist leichter, mehr an der Oberfläche. Es ermöglicht den Lesern, dich kennen zu lernen, zu beschnuppern. Idealerweise verknüpft du das mit einer Frage oder einer Aufforderung, die deine Leser zur Interaktion aufruft. So bekommt dein Post besonders viel Reichweite und Aufmerksamkeit, wenn der Beitrag dann auch deinen Kontakten zweiten Grades (also den Kontakten deiner Kontakte) angezeigt wird. Wieviel du von dir persönlich preisgeben magst, bleibt natürlich dir überlassen (siehe auch Abschn. 4.2.4). Der Vollständigkeit halber sei erwähnt: Wirkungsvoll sind in diesem Zusammenhang auch sehr polarisierende Themen, die die Gemüter erregen und zu heißen Diskussionen führen. Aber diese Art von Reichweite und von Aufmerksamkeit ist oft für leise Gemüter nur schwer verdaulich – und auch absolut nicht zielführend. Wir haben auf LinkedIn das Ziel, mit unserer Selbstständigkeit sichtbar und bemerkbar zu werden. Beiträge, die inhaltlich völlig an unseren Themen vorbeiführen, kommen uns da nur schwer aus der Feder bzw. der Tastatur. Wichtig ist mir aber zu betonen: auch wenn Introvertierte oft lieber sachlich-nüchtern ihr Fachwissen veröffentlichen mögen (also eher in einen Deep Talk statt in einen Small Talk einsteigen), so ist es doch auch zielführend, dass wir uns auch nahbar zeigen. Dass wir auch unsere Persönlichkeit zeigen, Gedanken, Meinungen und Werte. Insofern spielen also auch Reichweitenposts für Introvertierte eine große Rolle.

Die zweite Post-Kategorie, die Expertenposts, hat einen deutlich stärkeren Fokus auf dein Thema. Wie der Name vermuten lässt, sollen diese Posts deine Fachkenntnisse demonstrieren. Das Ziel ist es hier, den Expertenstatus aufzubauen. Hier geht es fachlich zur Sache. Du gibst wertvolle Tipps für deine Leser aus deinem Fachgebiet und stiftest damit echten Mehrwert. Idealerweise sind das Tipps, die der User nur von dir bekommt. Dabei muss das gar nicht so sehr in die Tiefe gehen. Oft sind es Wissenshäppchen und Tipps, Dinge, die dir ganz selbstverständlich und für dich fast schon zu banal sind, die deinen Lesern aber enorm weiterhelfen. Eine zentrale Quelle für diese Beiträge sind etwa die Gespräche mit Kunden und Interessenten. Die Fragen, die dir in solchen Gesprächen gestellt werden, eignen sich hervorragend für Social-Media-Posts. Die Expertenposts erhalten in der Regel weniger Reichweite als der Social Content. Das liegt in der Natur der Sache, weil es eine spitzere Zielgruppe ist, für die diese Beiträge relevant sind. Allerdings ist hier häufig das Verhältnis von Interaktionen zu Reichweite deutlich höher. Denn wenn der Post für deine Leser relevant ist, werden mehr Leser, die den Post ausgespielt bekommen, auch darauf reagieren.

Die Reichweiten- und Expertenposts zahlen direkt auf deine Sichtbarkeit ein: Du zeigst deine Persönlichkeit und deine Fachkompetenz. Aber noch immer wissen deine Leser nicht, was genau du eigentlich anbietest, in welcher Form sie mit dir zusammenarbeiten können. Deshalb fehlt uns noch eine dritte Variante: Die Conversionposts. Denn Content-Marketing ist kein Selbstzweck – am Ende geht es darum, neue Kunden zu gewinnen. Mit den Reichweiten- und Experten-Posts konnten die Leser dich und dein Thema schon kennenlernen. Nun möchtest du ihnen ein konkretes Angebot unterbreiten. Das kann ein kostenloses Gesprächsangebot sein, eine Einladung zu einem Webinar, das Angebot, ein PDF herunterzuladen, oder auch gleich die Ankündigung eines (neuen) Angebots. Idealerweise haben die beiden anderen Post-Typen das thematisch schon hergeleitet, damit es nicht zu plump und „verkäuferisch" wirkt. Aber gerade auf der Business-Plattform LinkedIn ist es legitim und angemessen, offen über sein Angebot zu sprechen. Diese Posts bekommen deutlich weniger Reichweite und auch oft weniger Likes oder Kommentare. Das liegt auch daran, dass sie sich an eine beschränktere Zielgruppe richten, es interessieren sich also weniger Leser dafür. Aber diese Interessenten sind dann auch schon wirklich an dir und deinem Angebot interessiert. Sie dürfen also im Gesamtportfolio deiner Beiträge nicht fehlen.

4.5.3 Ideensammlung

Jetzt haben wir viel über die Details gesprochen, über die Rahmenbedingungen und Themenkategorien. Aber woher kommen jetzt die Ideen für einzelne Posts? Die wichtigste Inspiration, vor allem wenn es um die Expertenposts geht, kommt aus deiner täglichen Arbeit: Fragen, die du in der Zusammenarbeit mit Kunden immer wieder gestellt bekommst. Die gleichen Fragen stellen sich auch die LinkedIn-Follower, die zu deiner Zielgruppe gehören. Damit lieferst du ihnen einen echten Mehrwert. Gerade in den Bereichen, die dir selbst schon gar nicht mehr erwähnenswert vorkommen – es ist mitnichten belanglos, nur weil du, ohne weiter nachzudenken, eine Antwort parat hast. Ganz im Gegenteil! Gerade diese vermeintlich kleinen, ganz banalen Tricks und Kniffe, die aus der Praxis kommen, helfen deinen Lesern weiter. Sie zeigen, dass du dein Thema beherrschst, aber auch, dass du die Herausforderungen der Zielgruppe kennst und verstehst.

Aber es gibt noch weitere Inspirationsquellen. Für die Ausgestaltung in Formaten oder auch Formulierungen kommen die besten Ideen oft unter der Dusche. Oder beim Spazieren gehen. Auf jeden Fall dann, wenn man am wenigsten damit rechnet – und wenn man es am wenigstens erzwingt. Wer kennt das nicht: Wenn man sich vornimmt, jetzt seine Beiträge für die nächsten Wochen auszuarbeiten, der hat auf einmal nichts mehr zu erzählen. Alles wie wegpustet. Nicht selten sitzt man vor dem sprichwörtlichen leeren Blatt und hat keine Idee, worüber man schreiben soll. Dann starrt man auf seine definierten Themenkategorien, aber der zündende Funke will nicht kommen.

Dem können wir vorbeugen – mit einer Ideensammlung. Das kann für den Anfang eine einfache Word-Datei sein, eine Notizen-Funktion an Handy oder PC (ich nutze dafür zum Beispiel gerne Evernote) oder aber du notierst dir deine Gedanken als Teil des Redaktionsplans. Auch ein papierenes Notizbuch kann diese Funktion erfüllen. Wichtig ist, dass es in deinen Arbeitsablauf passt. Denn dann ist sichergestellt, dass du dir diese Notizen auch machst, wenn es nah an deinen täglichen Routinen ist.

Notiere dir in deiner Ideensammlung jede Idee, die dir „unterwegs" kommt. Das kann das Motto eines Posts sein, eine schlüssige Argumentationskette, eine treffende Überschrift oder auch ein passendes sprachliches Bild, das du dir auf diesem Wege notieren möchtest. Eventuell hast du auch eine Idee für eine geeignete Visualisierung. Die Inspirationen können überall sein: In einer Zeitung, in einem Buch, beim Spaziergang durch die Natur oder einfach beim Sport, wenn die Gedanken auf die Wanderschaft gegangen sind. All diese Anregungen wollen wir sammeln, damit wir später darauf zurückgreifen können. Auch

Inspirationen, die du zum Beispiel beim Lesen anderer Posts wahrgenommen hast, sind wertvolle Impulse für deine eigenen Social-Media-
Beiträge – selbstverständlich ohne andere Beiträge kopieren zu wollen.

All das kannst du verwenden: In unterschiedlichen Postformaten, in
unterschiedlicher inhaltlicher Tiefe und zu unterschiedlichen Anlässen.
Mit einer solchen Sammlung gehen dir die Ideen nie aus und du kannst
jederzeit aus dem Vollen schöpfen.

4.5.4 Mut zur Wiederholung

Oft sagen mir meine Kunden in der Zusammenarbeit: „Ich weiß doch
gar nicht, was ich posten soll". Ihr Gedanke dabei: „Ich muss immer
wieder neuen, frischen Content bringen." Oder auch: „Ich muss etwas
bringen, das noch nie dagewesen ist." Das kostet Zeit. Und die hat man
als Selbstständiger und Unternehmer selten im Überfluss. Deshalb ist
es eine bewährte Methode, Themen mehrfach zu benutzen und seine
eigenen Inhalte wiederzuverwerten: Content-Recycling. Denn: man
muss das Rad nicht immer neu erfinden, um guten Content zu bringen. Ganz im Gegenteil ist es sogar sehr förderlich, wenn du thematisch
immer wieder in dieselbe Kerbe schlägst. So kann sich in den Köpfen
der Leser die Verbindung zwischen dir und deinem Thema besser verfes-
tigen.

Wie kann das funktionieren, den eigenen Content wiederzuverwerten?
Idealerweise kann man das mit seinen Kernthemen tun, für die man auf
der Webseite ausführliche Blogbeiträge als Basis verfasst hat. Dieser sogenannte Evergreen Content behandelt Basisthemen deiner Expertise und
verliert nicht so schnell seine Gültigkeit. Solche Texte sind für einen einzelnen schnell vergessenen Social-Media-Post fast zu schade und in der
Regel auch viel zu lang, sodass du ihn auf mehrere Teilaspekte herunter-
gebrochen über einen längeren Zeitraum in Social Media spielen kann.
Als solche Reihen hat das auch eine Wiedererkennungswert und kann
immer wieder den Social-Media-User zu deiner Webseite dirigieren, wo
er sich den ganzen Beitrag in voller Länge anschauen kann – und so natürlich auch auf deine Angebote aufmerksam wird.

Eine andere Variante des Content-Recycling ist es, deine Themen in unterschiedlichen Formaten zu wiederholen. Damit holen wir den Social-Media-User in seinen unterschiedlichen Lesegewohnheiten ab. Denn jeder mag sich auf andere Weise in LinkedIn und Co. inspirieren lassen. Während manche am liebsten reine Textposts konsumieren, mögen andere lieber gut gestaltete Slideshows. Andere schauen sich die Inhalte vielleicht lieber in einem Video an. So kannst du ein und dasselbe Thema unterschiedlich aufbereiten und erreichst damit unterschiedliche User. Aber auch bereits gelaufene Posts können nach einigen Wochen reanimiert werden. Vielleicht mit einer leichten Aktualisierung oder einem anderen Bild, aber die gleiche Fragestellung darf sich sehr gerne wiederholen.

Aber wird das nicht langweilig für den Leser? Keine Sorge, die Chance, deine Leser mit dem immer gleichen Inhalt zu nerven, ist eher gering. Im Gegenteil braucht es mehrere Anläufe, um überhaupt in Social Media mit einem bestimmten Thema wahrgenommen zu werden. Das erklärt sich zum einen aus der eigenen Reichweite. Ein Social-Media-Post wird zunächst maximal der Anzahl der eigenen Follower angezeigt. Faktisch tut er nicht mal das, denn der Algorithmus verhindert, dass alle deine Beiträge auch wirklich bei allen deinen Followern ankommen. Ein weiterer Teil der möglichen Wahrnehmung verpufft in der kurzen Aufmerksamkeitsspanne, die ein User seinem Feed widmet. Zum einen ist er oder sie in der Regel nicht ununterbrochen online und erlebt nicht jeden möglichen Post live. Zum anderen ist die Gefahr, dass einzelne Beiträge in der Flut der Beiträge im Feed übersehen werden, mehr als hoch. Und es kommen ja auch immer neue Follower hinzu, die deine Inhalte noch gar nicht kennen. All das spricht dafür, sich mit den eigenen Themen zu wiederholen. Das festigt die Botschaft, die du vermitteln willst – sie kann sich leichter in den Köpfen der Leser verankern. Zudem erhöht sich die Wahrscheinlichkeit, überhaupt in der Vielzahl der Beiträge wahrgenommen zu werden, mit jeder einzelnen Wiederholung.

4.6   Auswerten und Verbessern

4.6.1   Dos and Don'ts – warum es wichtig ist, die Spielregeln der Plattform zu kennen

Bevor menschliche Leser unsere Beiträge zu sehen bekommen, müssen wir an ihm vorbei: dem Algorithmus. Häufig verflucht, gilt er als der Torwächter in LinkedIn, der unsere Beiträge nach seinen eigenen Regeln unseren Followern vorenthält. Zumindest scheint es einem so, wenn man sich anschaut, welche geringen Reichweiten wir manchmal erreichen. Ein großer Frustfaktor für viele, die mit eigenen Beiträgen online gehen wollen oder darüber nachdenken das zu tun.

Dabei dient der Algorithmus einem guten Zweck. Die Zahl der Content Creator, also der Nutzer, die in LinkedIn auch eigene Inhalte veröffentlichen, wächst täglich. Immer mehr Beiträge werden auf LinkedIn veröffentlicht – mit höchst unterschiedlichem Qualitätsanspruch. Gleichzeitig sind wir auch mit immer mehr Kontakten vernetzt, längst ist das LinkedIn-Netzwerk nicht mehr auf persönliche Bekannte aus dem echten Leben begrenzt, sondern wir sind mit Usern aus der ganzen Welt verbunden. Nicht alle Beiträge, die da produziert werden, sind für uns interessant. Wir würden überflutet werden, wenn alles in unseren Feed gespült würde. Deshalb wählt der Algorithmus Beiträge für uns aus, er kuratiert. Eigentlich eine gute Sache, oder?

Wie genau der Algorithmus funktioniert, da lässt sich LinkedIn (ähnlich wie Google oder andere Plattformen mit Such- und Filterfunktionen) nicht so recht in die Karten schauen. Zumal es sich auch immer wieder ändert. Aber es gibt einige grundlegende Prinzipien, die immer gleichbleiben: LinkedIn möchte zum einen, dass die User innerhalb der Plattform bleiben. Deshalb funktionieren Posts mit externen Links nicht besonders gut, denn sie würden von LinkedIn wegführen. Ein zweites wichtiges Kriterium: LinkedIn belohnt User, die das Netzwerk auch als solches nutzen. Also nicht nur Kontakte sammeln, sondern ihre Kontakte auch pflegen: In persönlichen Chats begrüßen und auch später wieder ansprechen. Auch die öffentliche Interaktion wird vom Algorithmus positiv beurteilt: Nicht nur beim eigenen Beitrag, sondern auch bei den Beiträgen anderer User zu interagieren, zeugt von einer lebhaften Nutzung der Plattform. Statt einfach nur Marketing-Botschaften in die Welt zu blasen, entsteht so ein Dialog mit den Kontakten. Das mögen nicht nur die Kontakte, sondern auch der Algorithmus.

Ein weiteres wichtiges Grundprinzip: LinkedIn fördert Beiträge, die für den Leser einen Nutzen stiften. Das kann vom Format (Bild, Video, Text, Slideshow etc.) abhängen, von der Textlänge, dem Einsatz von Hashtags und/oder Emojis – verschiedenen Kriterien, die sich aber auf einen Faktor zusammenfassen lassen: die erreichte Interaktion. Wenn Leser auf den Beitrag reagieren, mit Likes, Kommentaren oder dem Weiterteilen von Beiträgen in ihrem Netzwerk, dann muss das auch für andere interessant sein. Dann wird der Beitrag auch gut ausgespielt, also viele Menschen bekommen ihn zu sehen.

Im Detail gibt es immer mal wieder aktuelle Tipps und Tricks, wie man sich die technischen Ausprägungen dieser Grundprinzipien zunutze machen kann – je nachdem, wie gerade der Algorithmus programmiert ist. Da das sich aber zu schnell ändert, möchte ich das hier nicht thematisieren. Dazu findest du bei Bedarf in LinkedIn oder auch auf externen Webseiten und Blogs immer wieder aktuelle Informationen darüber, wie du den Algorithmus im Augenblick zielführend für dich einsetzt. Wichtig ist mir, dass du die oben genannten Grundprinzipien beherzigst, das ist für den Anfang ein guter Weg.

Vielleicht stellst du dir jetzt die Frage: Was hat der Algorithmus mit menschlichem Marketing, mit Social Media auf leise Art, zu tun? Sollte es da nicht um den Menschen statt um die Maschine gehen? Damit hast du absolut recht. Wir stellen den Menschen in den Mittelpunkt. Aber um diese Menschen erreichen zu können, müssen wir ihn auch technisch erreichen. Genau dabei hilft uns der Algorithmus.

Jetzt denkst du dir vermutlich: Muss ich jetzt ständig den LinkedIn-Algorithmus in seiner jeweiligen Ausprägung kennen, damit ich auf dieser Plattform erfolgreich sein kann? Nein, das musst du definitiv nicht. Zumindest nicht am Anfang. Ich vergleiche das gerne mit dem Erlernen einer neuen Sportart. Erst ist es wichtig, in das Bewegungsmuster reinzukommen, bevor man sich das teure Equipment zulegt. Ähnlich ist es auch auf LinkedIn: Lass dich am Anfang nicht verrückt machen. Denn wenn du Social Media auf leise Art betreibst, bist du schon auf einem sehr guten Weg, den Algorithmus bestmöglich für dich zu nutzen. Das heißt vereinfacht ausgedrückt: Wenn deine Beiträge für deine Zielgruppe relevant sind, bekommen sie sie auch zu sehen. Solange du also Beiträge mit Mehrwert bringst, die bei den Lesern ankommen, werden sie das auch mit Likes und Kommentaren honorieren und LinkedIn damit anzeigen, dass es sie interessiert.

Wenn du diesen Grundsatz beherrschst, Mehrwert für deine Zielgruppe zu liefern, bist du schon auf dem richtigen Weg. Später macht es Sinn, hier noch präziser auszuwerten, um die Nuancen herauszufinden, welche Art von Beiträgen besonders gut ankommen und deine Ziele besonders gut unterstützen. Dann kann man sich einzelne Mechanismen des Algorithmus noch mal besonders zunutze machen.

4.6.2 Erfolgsmessung – was funktioniert und was nicht?

Intuition ist gut, Kontrolle ist besser. In diesem Abschnitt geht es deshalb darum, deine geposteten Beiträge zu analysieren, um besser zu verstehen, worauf deine Leser wirklich reagieren. So kannst du lernen, was deine Zielgruppe gerne von dir lesen möchte, welche Inhalte ihnen weiterhelfen, wofür sie dich mit Interaktion wie Likes und Kommentare belohnen. Denn du veröffentlichst diese Beiträge nicht aus purer Lust am Schreiben. Du willst deine Interessenten auch erreichen und ihr Vertrauen in dich und dein Angebot wecken. Umso wichtiger ist es, nicht am Leser vorbeizuschreiben. Mit der Weile entwickelt man ein gewisses Gespür dafür, welche Themen, welche Formate oder auch welche Tageszeiten für dich und deine Leser am besten funktionieren. Zumal das nicht selten mit deinen eigenen Interessen und Lesegewohnheiten gewisse Überschneidungen haben wird. Aber wir wollen uns an dieser Stelle nicht nur auf das Bauchgefühl verlassen, sondern auch die zentralen Kennzahlen betrachten, die aufzeigen, wie gut einzelne Beiträge und auch das gesamte Beitragskonzept abschneiden.

Wir wollen uns also die Performance deiner Beiträge anschauen.

Dabei ist zu beachten: Bei nur wenigen Followern ist die Reichweite und die Interaktion deiner Posts noch nicht so hoch. Demzufolge ist die Aussagekraft einzelner Erfolgsparameter an Anfang noch nicht allzu groß. Veränderungen, die wir hieraus ableiten, haben nur einen minimalen Effekt. Aber auch hier können wir frühzeitig einen wichtigen Baustein für deine Routinen legen. Gewöhnst du dir bereits jetzt an, einzelne Perfomance-Indikatoren regelmäßig zu betrachten, wird es leichter zur Gewohnheit.

Anfangs können die Werte auch recht trügerisch sein. Du wirst vermutlich auch davon profitieren, dass deine ersten Beiträge, die du – nach einer Zeit als stiller Leser – veröffentlichst, vom LinkedIn-Algorithmus belohnt werden, d. h. besonders gut ausgespielt werden. Das soll motivieren, weitere Beiträge zu produzieren, wenn es schnell gute Erfolge erzielt.

Aber welche Kennzahlen zeigen dir jetzt an, ob ein Post auch im Regelbetrieb gut abgeschnitten hat oder nicht?

Reichweite Eine zentrale Kennzahl für den Erfolg von LinkedIn-Posts ist die Reichweite (auch Impressionen oder Views genannt). Sie zeigt dir an, wie vielen Menschen dein Post grundsätzlich im Feed angezeigt wurde. So viele Menschen können deine Inhalte grundsätzlich wahrgenommen haben. Eine kalkulatorische Größe, die nicht unbedingt übereinstimmt mit einer tatsächlichen Wahrnehmung deines Beitrags. Denn schon aus technischen Gründen werden nicht alle deine Follower immer alle deine Inhalte sehen – schon, weil sie zu unterschiedlichen Zeiten online sind und auch vielen andere LinkedIn-Usern folgen und deshalb unterschiedlich aufmerksam durch ihren Feed scrollen (Abb. 4.7).

Wann ist die Reichweite hoch? Wenn sich die Zahl der Views der Zahl deiner Follower nähert. Denn das bedeutet, dass der Beitrag auch vielen Menschen außerhalb deiner aktuellen Kontakte angezeigt wurde – der Post ist viral gegangen. Das geschieht immer dann, wenn deine Kontakte mit dem Post interagieren, ihn also liken oder kommentieren. Dann bekommen ihn auch die Follower deiner interagierenden Kontakte angezeigt. Eine hohe Reichweite bekommen vor allem Posts, die persönliche Themen behandeln, die polarisieren oder gar provozieren und damit eine breite Leserschaft ansprechen. Mit fachlich enger gefassten Beiträgen ist das schwerer zu erreichen, da wirkliches Interesse nur bei deutlich weniger Lesern vorhanden ist. Eine hohe Reichweite

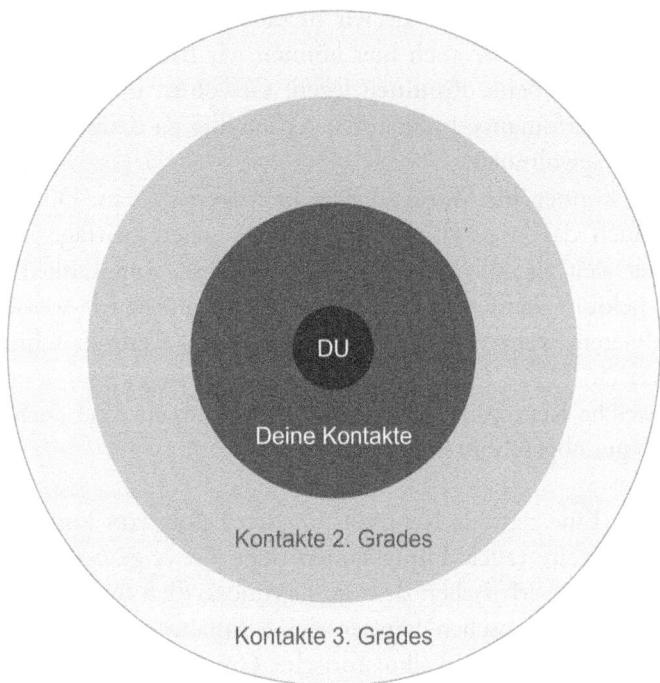

Abb. 4.7 Kontaktsystematik: Direkte Kontakte, Kontakte 1. und 2. Grades

ist auch nur dann erstrebenswert, wenn ich viele (beliebige) Menschen erreichen will. Denke ich enger gefasst an Neukundengewinnung, werde ich in der Regel stärker bei meiner Zielgruppe bleiben wollen, sodass ich eine geringere Reichweite in Kauf nehme. Dafür lande ich dann eher bei wenigen, aber für mich relevanteren Kontakten. Ohnehin sind reichweitenstarke Posts selten mit der „leisen Art" in Einklang zu bringen: Leise Menschen bevorzugen im echten Leben den Deep Talk, sodass sie auch in Social Media weniger gerne auf Provokation oder Selbstinszenierung setzen, sondern eher mit fachlichen Themen und einem intensiven Dialog darüber punkten wollen. Posts über dramatische Lebensveränderungen, gespickt mit Influencer-artigen Selfies, oder „Höher-Besser-Schneller"-Themen sind nicht unsere Sache. Dann lieber etwas nüchterner, aber dafür die richtigen Menschen erreichend.

Denn, eines darf man nicht vergessen: Solche viral gehenden Posts ziehen nicht nur wohlgesinnte Kommentare an, sondern immer auch Widersprüche, gegenteilige Meinungen oder die berüchtigten Trolle und Hater. Auf jeder Plattform, auch auf LinkedIn, tummeln sich neidvolle User, die nur darauf zu warten scheinen, dass sie ihr Veto unter fremde Posts setzen können. Negative Stimmen bis hin zu Hasskommentaren, die durchaus auch unter die Gürtellinie gehen können – das ist für introvertierte Menschen nur schwer zu verkraften. Dafür Gegenstrategien zu entwickeln ist anstrengend. Vor allem, weil es Menschen außerhalb unserer Zielgruppe sind. Warum sollen wir darauf unsere Energie verschwenden? Aber solche Kommentare einfach zu ignorieren, das gelingt uns auch nicht so leicht. Deshalb setzen viele Introvertierte eher selten auf die viral gehenden Posts.

Reichweitenstarke Posts und „Social Media auf die leise Art" gehen also nicht unbedingt überein. Und das ist auch völlig in Ordnung. Wie gesagt, es ist nur begrenzt zielführend auf einer Business Plattform. Das hat unlängst auch LinkedIn selbst erkannt und den Algorithmus entsprechend angepasst. Posts, die bisher auf Reichweite abzielten, werden jetzt weniger stark unterstützt, dafür aber qualitätvolle Fachbeiträge höher bewertet. Ein Vorstoß für die generelle Qualität der Beiträge auf LinkedIn, wie ich finde. Die introvertierten Content Creator begrüßen diese Anpassung, da es ihrem bisherigem Nutzerverhalten entspricht. Jetzt werden wir auch dafür belohnt.

Aber auch wenn die Reichweite nicht das erste Ziel ist, wollen wir uns diese Kennzahl anschauen. Nicht als absolute Zahl – denn die kann je nach aktueller Gestaltung des Algorithmus ganz unterschiedlich ausfallen. Aber in ihrer Entwicklung über die einzelnen Posts hinweg. Denn die Reichweite zeigt uns an, wie viele Menschen erreicht werden konnten. Einzelne Posts werden auch weiterhin in die ein oder andere Richtung ausschlagen, das ist völlig normal. Aber im Durchschnitt sollte diese Zahl kontinuierlich mit meiner Followerzahl wachsen. Tut sie das nicht, oder merke ich Einbrüche, die sich nicht mit Algorithmusanpassungen erklären lassen, ist das ein Indikator dafür, dass meine Posts verbesserungswürdig sind – in welchen Aspekten werden wir uns gleich noch anschauen.

Interaktionsrate Ein weiterer wichtiger Indikator für die Qualität meiner Beiträge ist die Interaktionsrate (Abb. 4.8). Interaktionen zeigen mir an, ob Menschen auch auf den Beitrag reagieren, wenn sie ihn angezeigt bekommen. Interessiert sie das Thema? Können sie mit meinen Gedanken etwas anfangen? Und vor allem: möchten sie daraufhin mit mir in den Dialog treten? Selbst wenn ein Beitrag einmal eine hohe Reichweite erzielt, nutzt das nicht viel, wenn nur wenige Leser auf deine Inhalte reagieren. Insofern ist die Interaktion ein wichtiges Indiz dafür, wie wertvoll deine Inhalte sind – sowohl für die Leser, aber damit auch für den LinkedIn-Algorithmus.

Interaktionen sind Likes und Kommentare, aber auch das Teilen des Beitrags oder etwa die Teilnahme an einer Umfrage. Auch hier ist die absolute Zahl interessant – aber aussagekräftig ist es vor allem als Quotient im Verhältnis zur Reichweite. Diese Interaktionsrate errechnet sich: Interaktionen (Likes, Kommentare, Shares) geteilt durch die Reichweite.

So kannst du beurteilen, wie stark dein Beitrag zur Interaktion anregt. Eine hohe Zahl von Likes ist wünschenswert – nicht zuletzt fürs eigene Ego. Aber besonderes Gewicht bekommt das natürlich, wenn die Zahl der Impressionen niedrig ist. Und umgekehrt, ist eine niedrige Zahl von Interaktionen bei einer niedrigen Reichweite deutlich besser zu verschmerzen, wenn ich davon ausgehen muss, dass nicht viele Menschen den Beitrag gesehen haben (siehe Abb. 4.9).

In Prozentzahlen ausgedrückt mag das Ergebnis demotivierend wirken, aber das ist die Realität im eng umkämpften Markt um Aufmerksamkeit in LinkedIn: eine Interaktionsrate von 2–3 % ist schon ein solides Ergebnis. Oft wird es noch darunter liegen – man denke auch an die stillen Leser! 5–8 % sollten wir aber auch bei Social Media auf leise Art anpeilen.

$$\frac{\text{Interaktionen (Likes, Kommentare, Shares)}}{\text{Reichweite}}$$

Abb. 4.8 Berechnung Interaktionsrate

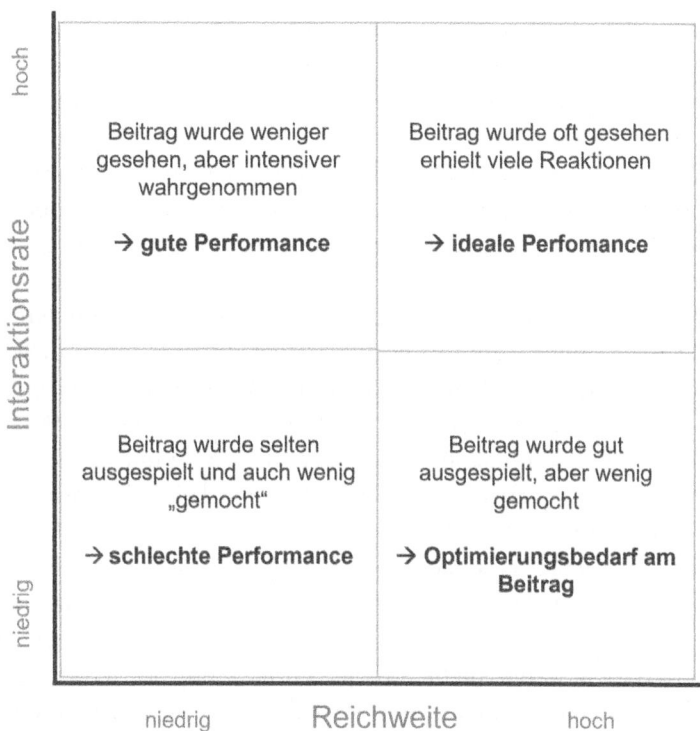

Abb. 4.9 Wie gut performen deine Beiträge?

Du wirst es immer wieder erleben, dass diese Zahl (absolut wie prozentual) sehr unterschiedlich ausfallen kann. Das liegt unter anderem an den unterschiedlichen Zielsetzungen: Ein Expertenpost oder gar ein Conversionpost hat in der Regel eine deutlich höhere Interaktionsrate als ein reichweitenorientierter Post. Auch wird es immer wieder Ausreißer in die eine oder andere Richtung geben: Manche Posts gehen durch die Decke, andere floppen – nicht immer ist man mit seinen Themen zur rechten Zeit am rechten Ort. Umso wichtiger ist es deshalb, nicht bei einzelnen Postergebnissen in einen blinden Optimierungswahn zu verfallen, sondern das auch über einen längeren Zeitraum, mit vergleichbaren Posts, zu beobachten, um herauszufinden, woran es gelegen haben könnte.

Profilbesucher Eine weitere wichtige Kennzahl für meinen Erfolg auf LinkedIn, völlig losgelöst vom einzelnen Beitrag, ist die Zahl der Profilbesucher. Wenn LinkedIn-User dein Profil besuchen, ist das ein deutliches Zeichen dafür, dass sie sich für dich interessieren. Sobald du auch eine kostenpflichtige Version von LinkedIn nutzt, kannst du sehen, wer genau dein Profil angesehen hat – und kannst dich mit diesen Menschen direkt vernetzen bzw. sie darauf ansprechen, wenn ihr bereits vernetzt seid.

Aber auch ohne diese Vernetzungsmöglichkeit mit dem einzelnen Kontakt ist die reine Zahl der Profilbesucher wertvoll. Auch diese Zahl sollte im zeitlichen Verlauf der LinkedIn-Aktivitäten ansteigen. LinkedIn kumuliert dabei immer die Profilbesucher der letzten 90 Tage – auch diese Zahl kann man als Gradmesser für Erfolg nutzen. Sowohl im positiven wie im negativen Sinn: viele Besucher heißt: Du bist sichtbar und ziehst die Aufmerksamkeit der LinkedIn-User auf dich. Allerdings: Viele Profilbesucher 2. Grades aus deiner Zielgruppe, ohne dass sie Kontaktanfragen stellen, dir folgen oder mit dir in einen Chataustausch treten wollen, würde mir auch zu denken geben. Dann kann das daran liegen, dass dein Profil nicht aussagekräftig genug ist. Für diese Personen bist du zwar sichtbar, denn sie haben dich finden können, aber (noch) nicht attraktiv.

Dein Social Selling Index als Erfolgskennzahl Als zentrale Erfolgskennziffer kannst du auch den Social Selling Index (SSI) zurate ziehen, ein interessanter Gradmesser, wie LinkedIn den Wert deines Accounts einschätzt. Diese Kennzahl kannst du dir hier aufrufen und für dich überprüfen: https://www.linkedin.com/sales/ssi. Der SSI (Abb. 4.10) ist ein wertvoller Indikator für deinen Erfolg beim Einsatz von LinkedIn. Er setzt sich aus vier Komponenten zusammen, die gemeinsam die Wirksamkeit deiner Social-Selling-Aktivitäten beurteilen. Jede einzelne Komponente wird mit maximal 25 Punkten bewertet. Die Komponenten sind:

1. **Ihre professionelle Marke aufbauen**
   Hier geht es darum, wie gut das LinkedIn-Profil bereits optimiert wurde: Ist es vollständig? Zeigt es deine beruflichen Erfahrungen und Fähigkeiten? Gibt es Empfehlungen früherer Kunden oder Arbeitgeber?

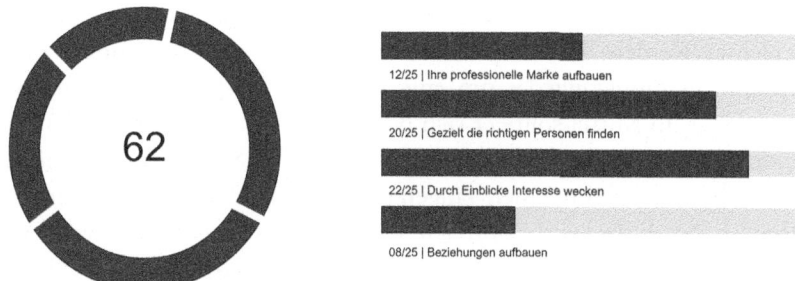

12/25 | Ihre professionelle Marke aufbauen

20/25 | Gezielt die richtigen Personen finden

22/25 | Durch Einblicke Interesse wecken

08/25 | Beziehungen aufbauen

Abb. 4.10 Social Selling Index. (Eigene Darstellung nach LinkedIn)

2. **Gezielt die richtigen Personen finden**
Bei diesem Faktor geht es um den Aufbau deines Netzwerks: Suchst du gezielt nach geeigneten neuen Kontakten? Oder vernetzt du dich beliebig mit unzähligen LinkedIn-Usern?
3. **Durch Einblicke Interesse wecken**
Das Thema Content und Interaktion steht hier im Fokus. Beurteilt wird deine eigene Content-Erstellung, aber auch, wie intensiv du dich mit Likes und Kommentaren an der Diskussion beteiligst, ob du dich in Gruppen engagierst und wie wertvoll und relevant deine Beiträge sind.
4. **Beziehungen aufbauen**
Dieses Komponente geht noch einen Schritt weiter als die zweite: Nicht nur das Vernetzen, sondern auch die Netzwerkpflege wird unter die Lupe genommen: ob du Gespräche in persönlichen Chats startest, deine Nachrichten beantwortest und auch auf Nachrichten-anfragen reagierst, wird hier zum Qualitätskriterium.

Als Ergebnis steht eine Zahl bis 100, die eine Richtschnur geben kann, für wie wertvoll LinkedIn dich – und damit auch deine Beiträge – einstuft. Wie jede Kennzahl ist sie nicht absolut und für sich alleinstehend zu bewerten. Nicht alle von LinkedIn geprüften Kriterien spielen für jede Nutzungsform eine Rolle. Eventuell war es eine bewusste Entscheidung, im Profil nur wenige, aber sehr gezielte Informationen zur bisherigen Berufslaufbahn anzugeben. Dann bleibt der erste Punkt hinter seinen Möglichkeiten zurück. Der SSI sollte dennoch von Zeit zu Zeit betrachtet werden, um die Gesamtentwicklung zu überprüfen. Zwar schwankt er immer wieder um eine Handvoll Punkte nach oben oder unten, aber im Mittel sollte er sich bei einem Wert oberhalb der 70 einpendeln, wenn du LinkedIn aktiv für das Social Selling nutzen möchtest. Geht der SSI für einen längeren Zeitraum nach unten, kann ein Vergleich der Einzelwerte hilfreich sein, um zu beurteilen, in welchem Bereich du optimieren solltest, wo also aktuell der größte Engpass liegt.

Der SSI bewertet also unterschiedliche Aspekte deines Auftritts in LinkedIn, unter anderem den Bereich Content. Sind in diesem Bereich Punktabzüge zu vermelden, so ist das ein wichtiger Hinweis darauf, dass hier Verbesserungsbedarf besteht.

Weitere Erfolgskennzahlen Nicht nur die Beiträge für sich zeigen dir deinen Erfolg mit deinem Content-Marketing an. Je nach Kontext können auch andere Erfolgsfaktoren für dich relevant sein – vor allem auch je nachdem, welches Ziel du erreichen wolltest. Diese Erfolgskennziffern lassen sich sowohl innerhalb wie auch außerhalb von LinkedIn ablesen.

Infrage kommen zum Beispiel:

- Event-Anmeldungen, zum Beispiel kostenlose Webinare
- Newsletter-Abonnenten
- Follower auf der Unternehmensseite
- Neue Kontaktanfragen aus deiner Zielgruppe
- Zugriffe auf dein Terminbuchungstool / Termine für Erstgespräche
- Direkte Nachrichten (eher qualitativ messbar, ob sie im Bezug zum Content stehen)
- Webseite-Zugriffe
- Einsendungen von Formularen auf Landingpages
- Etc.

4.6.3 Verbessern

Was also tun, wenn mein Content nicht in gewünschtem Ausmaß performt hat? Zum einen ist zu berücksichtigen, dass einzelne Posts nicht unbedingt aussagekräftig für den Erfolg sind. Nicht immer kann man genau erkennen, warum ein einzelner Beitrag besonders gut oder schlecht abgeschnitten ist – es ist keine exakte Wissenschaft mit einem klaren Verhältnis von Input zu Output. Manchmal hat man schlicht und ergreifend einen falschen – oder einen besonders guten – Zeitpunkt erwischt. Deshalb ist es sinnvoll, die Beiträge im Zeitverlauf zu betrachten. Wenn mehrere vergleichbare Beiträge über mehrere Wochen hinweg nicht gut funktionieren, kannst du analysieren, was die Ursache dafür sein kann.

Quantitative Gründe: Zahlen – Daten – Fakten betrachten Zum einen können es quantitative Gründe sein, die dafür sorgten, dass dein Post nicht gut ausgespielt wurde. Solche Faktoren lassen sich zahlenmäßig auswerten und vergleichen.

Zum Beispiel könntest du ein Postformat gewählt haben, das vom LinkedIn-Algorithmus nicht gut unterstützt wird. Es werden immer mal wieder einzelne Formate bevorzugt, ob das nun Videos sind oder Slideshows, oder verlieren auch wieder an Relevanz. Ein anderes Kriterium ist die Zeichenzahl des Posts. Generell empfiehlt sich eine mittlere Postlänge von 900–1200 Zeichen. Aber je nach Thema sowie Zielgruppe können auch kurze Impulsbeiträge wirksam sein – wie auch das Ausschöpfen der gesamten Zeichenzahl. Pauschalaussagen lassen sich deshalb nur schwerlich treffen. Kannst du also in deiner Auswertung ablesen, dass bei deinen Posts immer die kürzeren nicht gut performen, ist das deine Stellschraube.

Ein anderes Kriterium ist der Einsatz von externen Links. LinkedIn ist grundsätzlich kein Freund davon, dass in Posts Links zu anderen Webseiten gesetzt werden, die von der LinkedIn-Seite wegführen. Solche Posts werden oft schlechter ausgespielt, d. h. sie können von vornherein weniger Reichweite erwarten. Auch das könnte also eine Erklärung für schlechte Reichweite sein: wenn sich ein externer Link im

Text befand. Aber was tun, wenn der Link ein wesentlicher Bestandteil des Inhalts ist, etwa wenn ich zu einer externen Anmeldeseite verlinken möchte? Bewährte Praxis ist, diesen Link in einen Kommentar zu „verstecken". Zugegebenermaßen ist das aber nicht besonders bequem für den Leser. Vor allem nicht für die, die später kommen und den richtigen Kommentar suchen müssen. Deshalb gilt es hier pragmatisch abzuwägen, ob man einen möglichen Reichweitenverlust in Kauf nehmen kann, um es dafür dem Leser leichter zu machen, den Link auch klicken zu können.

Ebenfalls ein entscheidender Faktor für den Erfolg deiner Beiträge liegt in Wochentag und Uhrzeit der Veröffentlichung. Generell empfiehlt es sich, Posts dann abzusetzen, wenn deine Zielgruppe auch auf der Plattform ist und die Beiträge direkt sehen und damit interagieren kann. Bei einer Business Plattform gilt deshalb die Faustregel: Wochentags – gerne zu Tagesbeginn, in der Mittagspausenzeit oder am Tagesrand. Dann schauen Berufstätige und Selbstständige gerne in ihren LinkedIn-Account und checken ihre Nachrichten. Montag ist oft mit Meetings zum Wochenstart belegt, freitags verabschieden sich einige auch schon früher ins Wochenende. Daraus folgt: der ideale Postzeitpunkt ist Dienstag bis Donnerstag 8–9 Uhr, 12–13 Uhr und 16–18 Uhr. Hier folgen allerdings zwei große „Aber". Zum einen: in genau diesen Zeiträumen befinde ich mich natürlich auch in der größten Konkurrenz zu allen anderen Content Creator, die die Aufmerksamkeit „meiner" Leser haben wollen. Da kann der eigene Post in der Vielzahl der anderen schon mal untergehen. Deshalb kann es auch ratsam sein, das azyklisch zu versuchen, also in Zeiten aktiv zu werden, in denen es weniger Konkurrenz gibt. Das zweite Aber zielt auf deine Zielgruppe. Abweichend von diesen Best Practices kann deine Zielgruppe natürlich ganz anders in LinkedIn agieren. Auch hier könnte eine Erkenntnis sein, dass Posts an bestimmten Wochentagen oder Uhrzeiten nicht gut funktionieren.

Wie organisiere ich das Auswerten? In einem Redaktionsplan zum Beispiel in Excel kannst du dir die wesentlichen Parameter wie Themenkategorie, Textlänge, Einsatz von Hashtags, Tag und Uhrzeit, Format notieren. Letztlich gilt es hier immer Hypothesen aufzustellen, die du anhand deiner erhobenen Daten verifizieren oder falsifizieren kannst. Dann kannst du schnell ein Muster erkennen, wenn bestimmte Posts nicht ausreichend funktionieren, etwa, wenn sie alle zur gleichen Uhrzeit veröffentlicht wurden, bestimmte Hashtags benutzen oder besonders lang oder kurz sind. Jetzt gilt es systematisch zu experimentieren: Verändere einen der Parameter bei ansonsten gleichbleibenden Inhalten und prüfe, inwiefern das Ergebnis sich verändert. Wichtig: nicht zu viele Schräubchen gleichzeitig drehen. Sonst weißt du am Ende nicht, welche Änderung den Ausschlag geben habt.

Neben den „harten Fakten" wie Postzeitpunkt, Hashtags oder Postlänge lassen sich aber auch noch andere Stellschrauben finden. Diese lassen sich nicht in klassischen Zahlen, Daten, Fakten erkennen, sondern betreffen qualitative Gründe.

Message Market Fit Der wohl zentralste Grund, warum ein Post nicht „zündet", ist die Frage des Message Market Fit. Er bezieht sich auf den Punkt, an dem deine Botschaft genau auf deine Zielgruppe zugeschnitten ist. Es ist der Moment, in dem deine Worte bei den Menschen ankommen, die du erreichen möchtest.

Es ist leicht, in die Falle zu tappen und die Essenz deiner Botschaft zu verlieren. Einer der häufigsten Fehler ist es, zu kompliziert zu schreiben oder in Fachjargon zu verfallen. Dadurch könnte deine Zielgruppe den Bezug verlieren und dein Beitrag könnte im digitalen Rauschen untergehen. Klarheit und Verständlichkeit sind hier der Schlüssel.

Ein weiterer Fehler ist die Vernachlässigung des sozialen Aspekts auf LinkedIn. Dies ist eine Plattform für Interaktion und Austausch. Wenn du deine Beiträge nur als Einbahnstraße siehst und nicht auf Kommentare, Fragen oder Anregungen reagierst, verschenkst du wertvolles Potenzial. Das Netzwerken und die Diskussion über Themen sind deshalb genauso wichtig wie der eigentliche Inhalt.

Erfolgreiches Content-Marketing auf LinkedIn bedeutet, in ständiger Kommunikation mit deiner Zielgruppe zu stehen. Verstehe ihre Bedenken, beantworte ihre Fragen und sei präsent. Nur so kannst du sicherstellen, dass deine Botschaft Gehör findet und die gewünschte Wirkung erzielt. So kann die Befragung deiner Zielgruppe ein probates Mittel sein, den Message Market Fit zu schärfen.

Es ist ein Thema, das eng mit der Frage der Positionierung zusammenhängt. Denn – auch wenn ich alle Tipps und Tricks der LinkedIn-

Experten berücksichtige, kann es durchaus sein, dass meine Leser auf ganz andere Dinge „anspringen". Wenn ich gut positioniert bin, spreche ich auch die Sprache meiner Zielgruppe. Ich spreche ihr aus der Seele, kenne ihre Herausforderungen und Sorgen, und weiß, wie ich sie abhole. Manchmal sind es nur einzelne Worte oder Formulierungen, die hier über Erfolg oder Misserfolg entscheiden. Deine Stellschraube liegt hier in der Positionierung und deren klarer Kommunikation der daraus folgenden Botschaften.

Hook – Interesse wecken in der ersten Zeile Eine weitere Optimierungsmöglichkeit sehe ich oft im ersten Satz eines Beitrags – der sogenannte Hook. LinkedIn spart Platz und zeigt im Newsfeed nur die ersten Zeichen deines Beitrags an und versteckt den Rest hinter einem „mehr"-Button. Das heißt, dieser erste Satz muss genug Lust machen, darauf klicken zu wollen, um mehr zu lesen. Wie ein Appetithäppchen sorgt der Hook dafür, dass der Leser beim Scrollen anhält und sich mit deinem Beitrag beschäftigt. Sind diese ersten Zeichen beliebig und uninspiriert verfasst, ist eine große Chance vertan. Das soll nicht bedeuten, dass wir hier Dinge ankündigen oder besonders schmackhaft machen, die wir im Beitrag gar nicht liefern. Dieses „Clickbaiting" ist verpönt. Allzu reißerischer Überschriften sind deshalb nicht zielführend. Aber diesem Einstieg in deinen Post solltest du große Aufmerksamkeit widmen, denn er entscheidet letztlich darüber, ob dein Beitrag auch gelesen wird.

So kannst du dein Einstieg in deinen LinkedIn-Beitrag formulieren:

- Fragen stellen („Kennst du das Erfolgsrezept im Personal Branding?")
- Emotionen wecken – polarisieren – provozieren („Künstliche Intelligenz wird deinen Job überflüssig machen")
- Widersprüche zu Bekanntem („LinkedIn funktioniert überhaupt nicht")
- Zahlen verwenden („Die 5 wichtigsten Tipps beim Abnehmen")

Ein technischer Hinweis noch dazu: LinkedIn lässt es grundsätzlich nicht zu, dass Beitragstexte formatiert werden, also etwa durch Fettung oder Bulletpoints strukturiert werden. Deshalb behilft man sich gern mit externen Tools, die diese Formatierungen abbilden können, und kopiert die Texte dann in das Beitragsfeld bei LinkedIn. Allerdings handelt es sich hierbei oft nur um Pseudoformatierungen, die keine echten Schriftzeichen darstellen, sondern nur recht ähnlich aussehen. Mit zwei gravierenden Konsequenzen: Zum einen ist der Text dann nicht mehr barrierefrei. Für Sehbehinderte ist dieser Text nicht mehr vorlesefähig. Zum anderen: Genutzt wird dies insbesondere gerne für die Überschrift, die fett hervorgehoben werden soll. In der mobilen Ansicht des Beitragsfeed zeigt sich dann das nicht-barrierefrei in seiner vollen Pracht: Die komplette Überschriftzeile wird nicht angezeigt. Der gewünschte Effekt, die Betonung des Hooks, um die Leser in den Beitrag zu ziehen, geht damit verloren. Der Leser wird schneller drüber hinwegscrollen, denn hier gibt es ja offensichtlich nichts zu sehen. Von solchen Pseudoformatierungen rate ich deshalb ab. Struktur im Text gibt auch Weißraum, also Leerzeilen zwischen den Absätzen. Auch durch den maßvollen Einsatz von Emojis, etwa durch Pfeile oder Bulletpoints, erreichst du eine optische Gliederung, die für das Auge angenehm ist.

Visualisierung Ein Großteil der Posts in LinkedIn wird als reine Textposts oder als Bild-/Textposts veröffentlicht. Nachvollziehbar, fällt doch den meisten Content-Erstellern das Schreiben von Beiträgen zu ihrem Thema oft deutlich leichter als etwa ein Video dazu zu erstellen. Ein Bild dazu hilft, das Thema auch visuell zu erfassen. Das Ziel der Visualisierung ist es, ähnlich wie beim Hook, den Leser zum Anhalten in seinem Feed zu animieren. Bei der Ausgestaltung dieser Beitragsbilder sind der Fantasie praktisch keine Grenzen gesetzt. Es können Fotos sein, Grafiken und Schaubilder, mit und ohne Textelementen darauf. Auch Bilder, die nur einen kurzen Text enthalten (etwa die Wiederholung der Überschrift, einer Kernaussage oder eines Zitats) werden genutzt. Sinnvoll ist hier ein visueller Wiedererkennungswert: eine stringente Einhaltung der für die Personal Brand definierten Farben, der Einsatz von Logo, Markenname oder Webseiten-Adresse oder eine ganz eigene Bildsprache. Weiterhin großer Beliebtheit erfreut sich das Selfie – auch wenn es technisch gesehen gar nicht immer ein Selfie ist. Gemeint ist hier schlicht und ergreifend das Porträtbild des Profilbesitzers. Ob das immer zum Thema des Beitrags passt, dazu kann man geteilter Meinung sein. Wirkungsvoll ist es in den meisten Fällen.

Diese Bilder werden oft in externen Tools gestaltet. LinkedIn hat zwar auch eine eigene, recht rudimentäre Funktion für Gestaltung, aber die wird selten verwendet, da die Möglichkeiten sehr begrenzt sind. Hochgeladen wird also stets ein eigens designtes Bild in einem typischen Dateiformat wie.jpg oder.png. Auch bei den Seitenverhältnissen haben wir viel Gestaltungsfreiraum. Aktuell immer noch am meisten vertreten ist ein quadratisches Format, aber auch Bilder im Hochformat werden üblicher. Zum einen, weil sie noch mehr Gestaltungsmöglichkeiten bieten, vor allem, wenn ich Texte auf dem Bild unterbringen will. Aber auch, weil ein solches Bildformat den größtmöglichen Platz im Feed einnimmt und somit gut wahrgenommen wird.

Das Bild hat deshalb einen nicht zu unterschätzenden Einfluss auf die Wirkung des Posts. Performt ein Post nicht gut, kann es deshalb auch daran liegen, dass das eingesetzte Bild noch Optimierungspotenzial hat. Deshalb kann das eine mögliche Stellschraube sein, an der du drehen kannst, um vergleichbare Posts in Zukunft wirkungsvoller zu gestalten. Hier einige mögliche Gründe, warum die Visualisierung sich nicht positiv auf den Beitragserfolg ausgewirkt hat:

- **Bild passt nicht zur Kernaussage des Textes**
  In diesem Fall ist der Leser nach den ersten Zeilen verwirrt, weil er mit anderen Erwartungen bei dem Bild in seinem Feed anhielt, und scrollt unter Umständen schnell weiter, ohne mit dem Post zu interagieren.
- **Kaum Wiedererkennungswert**
  Das passiert vor allem, wenn immer wieder eine andere Bildsprache verwendet wird und kein einheitlicher Bildstil erkennbar ist. Dann erkennt der Leser zu spät, dass der Post von dir war.
- **Bilder aus Bilddatenbanken**
  Daran haben sich viele Social-Media-Nutzer satt gesehen – vor allem, wenn es immer wieder die gleichen Bilder sind, die man sieht. Gerade für sehr generische Themen haben sich einige Bildmuster etabliert: Ein Segel(boot) für Vorankommen und die Zukunft, das Steuerrad für Führung, eine Weggabelung für Entscheidungen, ein Kom-

pass für Orientierung. Das ist nicht (mehr) besonders originell und kann dazu führen, dass das Auge des Betrachters dort nicht mehr hängen bleibt.

- **Mangelnde Professionalität**
  Es muss nicht immer das teure Bild vom Fotografen sein. Aber vor allem, wenn meine Positionierung hohe Qualitätsansprüche postuliert, sind unscharfe oder schlecht beleuchtete Abbildungen nicht hilfreich. Dann entsteht beim Leser ein innerer Widerspruch zwischen dem unprofessionellen Bild und der zu vermittelnden Botschaft. Das gilt gleichermaßen auch für selbst erstellte Grafiken, die zu sehr nach Eigenkreationen aussehen. Das kann schnell negativ wirken. Der Bildstil sollte definitiv zum Anspruch in der Positionierung passen.

- **Lesbarkeit**
  Am Ende entscheidet oft die Lesbarkeit, ob eine Abbildung den gewünschten Effekt hat. Überladen mit Texten ist dabei genauso wenig zielführend, wie schlecht lesbare Schriften durch eine unglückliche Auswahl der Schriftarten, oder mangelnde Kontraste. Vor allem auf der kleineren Mobilansicht sollte es dem Leser hier so einfach wie möglich gemacht werden, die zentralen Textaussagen auch zügig zu erfassen.

Bitte bedenke: Es muss auch nicht immer ein Bild dabei sein. Probiere gerne auch mal reine Textposts aus. Vor allem bei solchen Themen, zu denen dir keine sinnvolle Visualisierung einfällt, ist es oft besser, ganz auf eine Illustration zu verzichten, statt mit beliebigen Abbildungen aus einer Bilddatenbank zu arbeiten.

Handlungsaufforderung: Call-to-Action Ein weiteres Optimierungspotenzial für den Erfolg deiner Social-Media-Beiträge ist der sogenannte Call-to-Action (kurz CTA), die Handlungsaufforderung meist am Schluss des Beitrags. Mit dem CTA möchtest du erreichen, dass der Leser auf dem Post verweilt, idealerweise, in dem er einen Kommentar hinterlässt. Durch diese Interaktion wird der Post auch den Kontakten des Interagierenden angezeigt, er kann also weitere Menschen erreichen – die Reichweite steigt.

Ein Kernprinzip in Social Media: Es geht nicht nur darum, unsere Botschaften zu senden, wir wollen mit unseren Followern auch in Kontakt kommen. Der Call-to-Action ist deshalb ein wichtiges Element im Online-Marketing, um Menschen zur Interaktion aufzufordern. Auf einer Webseite ist es der klassische „Ruf mich an"-Button, eine Aufforderung zum Abonnieren eines Newsletters oder der Hinweis auf ein Kontaktformular. Auch in LinkedIn können wir solche Handlungsaufforderungen einsetzen. Dabei müssen wir aber nicht immer gleich an Conversion denken. Der Leser ist an dieser Stelle in seiner Customer Journey selten so weit, dass er direkt Kontakt aufnehmen möchte oder eines deiner Angebote buchen will. Deshalb sind CTAs bei LinkedIn-Posts niedrigschwelliger. Wir wollen Leser animieren, mit unseren Posts zu interagieren – um mehr geht es uns in dieser Phase in der Regel nicht. Das kann auf unterschiedliche Weise geschehen. Ein probates Mittel ist es, den Leser mit einer Frage zu animieren. Hier gilt es, auch durch Ausprobieren herauszufinden, worauf deine Zielgruppe reagiert. Gängige Varianten sind „Habe ich etwas vergessen?" (etwa, wenn du die X Vorteile von etwas aufzählt hast), eine Frage nach der Meinung des Lesers („Wie siehst du das?") oder eine Aufforderung, Vergleichbares zu schildern („Geht es dir ähnlich?"). Es ist hilfreich, die Hürden zum Kommentieren niedrig zu halten. Muss der Leser noch lange nachdenken, oder erinnert ihn dein Post an zu unangenehme Erlebnisse, wird er seine Gedanken weniger mit dir und den anderen Lesern teilen wollen als bei harmloseren Themen. Das ist in hohem Maße abhängig von Thema und Zielgruppe. Wenn du beispielsweise über „Scamming" oder über Abnehmtipps berichtest, werden sich (öffentlich) vermutlich weniger Menschen dazu bekennen wollen, wenn du sie nach ähnlichen Erlebnissen fragst. Bei einem Thema wie „Zeitmanagement" oder „Entspannungstechniken" mag das ganz anders sein.

Neben der im Text formulierten Frage kannst du aber auch auf das Umfrageformat von LinkedIn zurückgreifen. In diesem Format kannst du deine Leser um eine Abstimmung zu einer bestimmten Frage mit bis zu vier Antwortmöglichkeiten bitten. Wenn der Leser auch ein Interesse an dem Thema und dem Ergebnis der Umfrage hat und die Beantwortung kein tiefes Nachdenken mit sich bringt, werden solche Formate gerne vom Leser angenommen und mit einer Abstimmung belohnt. So kann ich auch explizit seine Meinung erfragen. Häufig kommen bei solchen Fragen weitere Kommentare automatisch: von all jenen Interessenten, die ihre Antwort nicht in eine der vorgegebenen Antwortmöglichkeiten pressen können. Interaktion ist dir mit solchen Umfragen also gewiss. Deshalb ist es immer wieder auch eine Überlegung wert, ob du die Themen von Posts, die bisher nicht gut abgeschnitten haben, noch mal in Form einer Umfrage bringen kannst.

Eine weitere Variante des CTAs ist eine ganz implizite: die Provokation. Wenn du eine polarisierende These aufstellst, ist Widerspruch und hohe Diskussionsfreudigkeit – auch der Kommentierenden untereinander – vorprogrammiert. Da braucht es oft nicht einmal eine explizite Frage am Textende. Da reicht die Kernaussage des Posts schon aus, um Interaktionen zu erzielen. Diese Variante ist allerdings eine, die nicht mit dem Ansatz von Social Media auf leise Art zu vereinbaren ist. Denn solche reichweitenstarken Posts ziehen auch Kontakte weit außerhalb meiner Zielgruppe an. Das führt dann zu Kommentaren, die mit deinen Kernthemen nicht mehr viel gemein haben. Das ist mit Bedacht einzusetzen.

Wie bereits erwähnt: Gerade die Handlungsaufforderung braucht viel Ausprobieren. Manchmal sind es nur Nuancen in der Formulierung der Frage, die den gewünschten Effekt erzielen. Jede Zielgruppe reagiert auf unterschiedliche CTAs – du siehst an deiner Interaktionsrate, ob es wirkungsvoll war, und kannst bei Bedarf nachbessern.

4.7 Vernetzungsstrategie

Damit kommen wir zu einem weiteren wichtigen Punkt für deinen Erfolg im Social Selling. Nachdem wir die Positionierung klar definiert haben, das Profil daraufhin optimiert ist, wir das Social Listening strukturiert haben und eine Strategie für die Content-Erstellung und -Optimierung aufgesetzt haben, geht es in diesem Teil darum, neue Kontakte zu knüpfen. Denn das ist eine zentrale Besonderheit in Social Media, vor allem im Vergleich zu einer Webseite: Während die Blogbeiträge grundsätzlich für jeden auffindbar sind, der die URL kennt oder finden kann, bleibt ein LinkedIn-Beitrag in den allermeisten Fällen deinem Netzwerk vorbehalten. Zwar gibt es auch in LinkedIn die Möglichkeit, gezielt nach Inhalten zu suchen (vergleichbar einer Suche in einer Internetsuchmaschine). Aber aufgrund der Vielzahl der Beiträge ist der User dort selten gezielt auf der Suche nach weiteren Informationen und Impulsen. LinkedIn-User sind in der Regel schon ausreichend informiert und inspiriert durch die Beiträge, die in ihrem Feed landen. Deine Beiträge bekommt also in allererster Linie dein eigenes Netzwerk zu sehen. Das hat Vor- und Nachteile gleichermaßen. Ein großer Vorteil liegt darin, dass du dir dein Netzwerk selbst zusammenstellen kannst. Wählst du gezielt Menschen aus deiner Zielgruppe, kannst du viel leichter deine Inhalte so aufbereiten, dass sie auf eine hohe Resonanz stoßen. Deine Beiträge schreibst du also direkt für die Leser und musst weniger darauf hoffen, dass es auch Menschen anspricht, die sich noch nicht für dich und dein Thema interessieren. Somit gibt es weniger Streuverlust. Der Nachteil dahingegen liegt in der Begrenzung der Reichweite. Eine niedrige Zahl der Follower korreliert in der Regel direkt mit deinem Erfolg im Content-Marketing. Logisch, denn es können einfach zu wenige Menschen deine Beiträge sehen. Zudem wissen wir auch, dass nicht immer alle deiner Follower auch alle deine Beiträge sehen werden. Faktisch erreichst du also immer nur einen Bruchteil deiner Follower mit deinem Content.

Ein wesentlicher Schritt für den LinkedIn-Erfolg ist es deshalb, das Netzwerk zu erweitern. Damit erhöhst du das Grundrauschen. Die Anzahl der Menschen, die du mit deinen Inhalten erreichen kannst, steigt. Und damit natürlich auch die Wahrscheinlichkeit, neue Kunden aus deinen Kontakten gewinnen zu können.

Wie kommen wir an neue Kontakte? Wie kann ich aus den Tausenden anderen LinkedIn-Usern die Kontakte auswählen, die zu mir passen? Wo finde ich sie? Dafür gibt es zwei unterschiedliche Modi. Zum einen können dir andere LinkedIn-User eine Kontaktanfrage stellen (passive Vernetzungsanfrage). Das sind allerdings nicht immer nur potenzielle Kunden aus deiner Zielgruppe, sondern – gerade zu Anfang – auch andere Social Seller, die dich als Kunden gewinnen wollen. Aber es werden auch LinkedIn-User dabei sein, die deine potenziellen Kunden sein können. Oft werden solche Anfragen von deinen Beiträgen initiiert. Ein weiterer Beleg dafür, dass Content-Marketing eine wichtige Säule für deinen LinkedIn-Auftritt ist. Auf die passiven Kontakt-anfragen haben wir keinen direkten Einfluss. Ein gut gepflegtes Profil lässt vor allem die Menschen anfragen, die für sich einen Anknüpfungs-punkt sehen: als potenzielle Kunden, als Dienstleister oder auch ein-fach als Inspirationsquelle oder für Kooperationen. Auch dein Content wird positiv darauf einzahlen, dass sich Menschen von sich aus mit dir vernetzen wollen. In Summe ist das aber zu unplanbar, um daraus ein solides Wachstum zu ermöglichen. Deshalb kommt der zweite Modus zum Tragen: die aktive Kontaktanfrage. In diesem Fall geht die Initia-tive von dir aus. Du identifizierst einen für dich (vermeintlich) relevan-ten LinkedIn-Kontakt und stellst diesem User eine Kontaktanfrage. Das ist ein zentraler Schritt, der gerne in den Hintergrund rückt, wenn man sich für Content-Marketing entschieden hat. Mit dem Inbound-Ansatz sollten die Anfragen doch ganz von allein kommen. Aber Fakt ist: In der Regel reicht die reine Sichtbarkeit nicht aus, um erfolgreich neue Kunden zu gewinnen. Denn LinkedIn wird immer voller, die Reich-weite sinkt zunehmend und auch die Aufmerksamkeit, die man mit sei-nen Beiträgen erreichen kann, muss man sich mit immer mehr Nutzern teilen. Für einen erfolgreichen Auftritt braucht es mehr als die Content-Strategie.

Ich nenne das „Schneewittchen-Marketing". Man macht sich mit Profil und Beiträgen hübsch zurecht und wartet dann auf den Traum-prinzen, bzw. in diesem Fall auf den Traumkunden. Aber es gibt noch viele andere „Prinzessinnen": andere Anbieter, die proaktiver auf ihre potenziellen Kunden zugehen. Da nutzt uns die Sichtbarkeit allein noch nichts, wenn andere schneller ein Angebot unterbreiten. Die Content-Arbeit ist wichtig, macht sie doch die Positionierung sichtbar und er-leichtert uns damit auch das Verkaufen. Aber der beste Content allein bringt uns noch keine direkten Anfragen. Wir dürfen auch selbst aktiv werden.

Diese aktiven Vernetzungen sind ein wesentlicher Bestandteil für den strategischen Aufbau deines Netzwerks, da du hier ganz gezielt deine Wunschkontakte in dein Netzwerk holen kannst. Proaktiv nach den für dich wertvollen Kontakten zu suchen, ist ein wichtiger Schritt, um unabhängiger von Empfehlungen zu werden und die Neukundenge-winnung selbst in die Hand zu nehmen. Wie das genau geht, wo du diese potenziellen neuen Kontakte findest und wie du sie ansprichst, das schauen wir uns im nächsten Schritt an.

Exkurs: Kontaktanfragen außerhalb deiner Zielgruppe Mit zunehmender Sichtbarkeit wirst du mehr Kontaktanfragen von anderen LinkedIn-Usern bekommen. Wenn die direkt von deiner Zielgruppe kommen – wunderbar! Dann steht einer Annahme nichts entgegen. Aber wie ist es mit Kontaktanfragen außerhalb deiner Zielgruppe?

Mein Credo: Annehmen.

Unter den Anfragen werden einige LinkedIn-User sein, die dir ganz eindeutig etwas verkaufen wollen (deren Zielgruppe du bist). Mal mehr, mal weniger aufdringlich. Wenn du den Eindruck hast, dass es zu penetrant ist (wenn der Cold Pitch gleich mit der Vernetzungsanfrage kommt), kannst du das natürlich auch direkt ablehnen. Oder ggf. später, wenn es gar zu nervig wird.

Oft sieht man nicht auf den ersten Blick, ob der Kontakt zur Zielgruppe gehört oder anderweitig für dich relevant ist oder wird. Meiner Erfahrung nach werden jedoch die allermeisten neuen Kontakte dein Netzwerk bereichern. Denn Diversität ist auch in der Kontaktliste hilfreich. Deshalb vernetze ich mich auch gerne mit Kontakten außerhalb meiner Zielgruppe. Warum? Zum einen: Man lernt nie aus. Man kann hervorragend von Kontakten, die man vielleicht nie aktiv gesucht hätte, etwas lernen und sich von ihnen inspirieren lassen. Auch – und dort sogar besonders – wenn es „Mitbewerber" sind. Zum anderen: Vielleicht passt der neue Kontakt sehr gut in deine Zielgruppe, hat das aber noch nicht im Profil hinterlegt und blieb somit für dich unsichtbar. Dann hättest du eine gute Chance verpasst! Und wer weiß, vielleicht ist der Kontakte einfach NOCH nicht deine Zielgruppe. Es dauert manchmal eine Weile, bis aus einem Kontakt auch ein Käufer wird. Fang lieber früher damit an. Im Netzwerk aufgenommen kann der LinkedIn-User schon ein wenig mit dir und deinen Inhalten warm werden.

Und last but not least: Man weiß nie, ob am Ende der Kontaktanfrage ein ganz besonderer Mensch für dich sitzt. Jemand, der ein besonderes Angebot für dich hat. Eine Kooperation. Eine neue Idee. Eine Herausforderung. Oder einfach nur ein besonders spannender Mensch – ganz ohne Berührungspunkte. Man weiß nie, was draus wird!

4.7.1 Neue Kontakte finden

Das zentrale Ziel in diesem Schritt ist es also, dein Netzwerk zu erweitern. Natürlich geht es dabei auch darum, mit einigen dieser neuen Kontakten ins Gespräch zu kommen, um sie als Kunden gewinnen zu können. Ein wachsendes Netzwerk sorgt aber auch per se für einen Multiplikator-Effekt: immer mehr Menschen können von dir erfahren. Nicht nur die direkt neu vernetzten Kontakte, sondern jeweils auch deren Kontakte, wenn deine Posts viral gehen.

Wie gehen wir diese Aufgabe nun an? Oft startet man auf LinkedIn damit, sich mit Bekannten und Freunden zu vernetzen. Mit ehemaligen oder aktuellen Arbeitskollegen, Kunden oder Kooperationspartnern. In der Regel beginnt das Netzwerken also mit Kontakten, die man aus dem „echten Leben" kennt. Das ist ein natürlicher und naheliegender Vorgang. So kann man sein Netzwerk schnell auf 50–100 Kontakte erweitern. Das klingt erstmal viel. Aber wir wollen noch mehr, wir wollen das Netzwerk vergrößern. Das fällt vielen LinkedIn-Usern nicht leicht, von den real bekannten Kontakten zu neuen, ganz kalten Kontakten zu kommen, die man sich selbst aussucht. Aber das ist der zentrale Punkt bei der Netzwerkpflege – und ein enormer Vorteil der Business Plattform LinkedIn gegenüber anderen Social-Media-Plattformen. Auf LinkedIn kannst du dir dein eigenes Netzwerk zusammenstellen. Die persönlichen Bekannten sind die Basis – aber nicht immer gehören sie zur Zielgruppe. Vermutlich werden sie sich deshalb nur am Rande für deine Beiträge interessieren, da das Interesse an deinem Produkt, an deinem Thema nur oberflächlich ist – sie sind keine potenziellen Käufer. Interaktionen auf deine Beiträge kommen aus diesem Teil des Netzwerks häufig nur aus Nettigkeit, nicht aus vorhandenem Kaufinteresse. Genau diese potenziellen Käufer gilt es nun zu ermitteln und in dein Netzwerk zu holen.

Was bringen dir neue Kontakte?

* Neu vernetzten Kontakten werden deine Inhalte bevorzugt angezeigt.
* Neue Kontakte sind erstmal neugierig, mit wem sie sich da vernetzt haben.

- Die Reichweite steigt mit jedem neuen Kontakt, vor allem, wenn sie mit deinen Beiträgen interagieren.

Aber wie findest du auf LinkedIn die für dich passenden Kontakte, mit denen du dich vernetzen kannst? Es ist das Ziel, gezielt und nicht beliebig LinkedIn-User in dein Netzwerk aufzunehmen, die auch Interesse an deinen Beiträgen und damit auch an deinem Angebot haben könnten. Deshalb wollen wir uns im Folgenden einige Quellen anschauen, aus denen diese neuen Kontakte kommen können (Abb. 4.11).

Kontaktquelle (1): Interaktionen Die Annahmequote bei einer Vernetzungsanfrage ist deutlich höher, wenn der angefragte Kontakt auch ein Interesse an der Neuvernetzung hat. Wenn es Gemeinsamkeiten gibt, wenn ihr ähnliche Themen verfolgt, aber vor allem, wenn er dich bereits in LinkedIn wahrgenommen hat. Dann ist das keine kalte Vernetzung, sondern der User hat direkt einen Bezug zu dir. Spätestens wenn du mit eigenen Inhalten aktiv wirst, wird deshalb diese Kontaktquelle für dich besonders ergiebig: LinkedIn-User, die auf deine Inhalte reagieren. Schließlich ist das erklärte Ziel des Content-Marketings, dass andere LinkedIn-User deine Inhalte sehen und damit interagieren. Im besten Fall sorgen deine Beiträge dafür, dass Interessenten direkt eine Anfrage via Chat schicken. Aber auch die Vorstufe, das Liken und Kommentieren eines Beitrags zahlt auf dieses Ziel ein. Das kann sowohl bei deinen eigenen Beiträgen geschehen wie auch auf deine Kommentare bei fremden Posts. Das ist eine besonders gute Quelle für eine Neuvernetzung, denn wenn jemand ein „Gefällt mir" hinterlässt bzw. sogar stärker noch, deine Inhalte auch kommentiert, hat er dich und deine

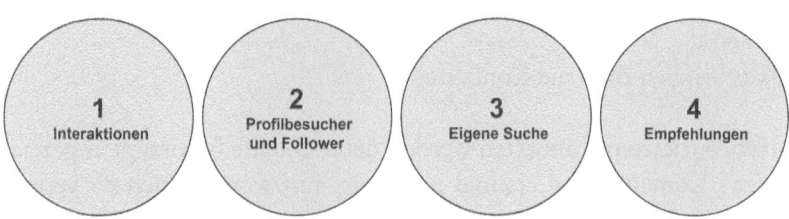

Abb. 4.11 Quellen für neue Kontakte

Beiträge wahrgenommen und ist schon „angewärmt", also kein kalter Kontakt mehr. Die Annahmewahrscheinlichkeit der Kontaktanfrage ist also recht hoch. Vor allem bei reichweitenstarken Posts ist es wahrscheinlich, dass sich unter den Interagierenden auch User befinden, die noch nicht mit dir vernetzt sind. Deshalb sollte es Teil deiner LinkedIn-Routine werden, dich mit diesen Kontakten zu vernetzen. Prüfe deshalb die Reaktionen auf deine Beiträge, ob Kontakte zweiten oder gar dritten Grades darunter sind, mit denen du dich vernetzen möchtest.

Auch Kommentare, die du bei anderen Usern hinterlässt, können Interaktionen mit sich bringen. Deshalb sind auch diese Likes und Kommentare geeignete Quellen dafür, neue Kontakte in dein Netzwerk aufzunehmen. Schau also regelmäßig deine Kommentare noch mal durch, ob User außerhalb deines Netzwerks darauf reagiert haben, und vernetze dich mit ihnen.

Eine technische Anmerkung zur Vernetzung an sich: Grundsätzlich bin ich ein Fan davon, Kontaktanfragen ohne Vernetzungstext zu stellen. Meiner Erfahrung nach funktioniert das besser, weil man alternativ entweder etwas sehr Beliebiges schreiben müsste, wenn man wenig über den Kontakt weiß („oh, ich sehe, Sie sind auch Unternehmer – lassen Sie uns doch vernetzen") – oder aber viel Zeit in eine Recherche stecken müsste, um einen guten Anknüpfungspunkt zu finden. Da wir jedoch wissen, dass nicht jede Vernetzungsanfrage auch angenommen wird, investiere ich hier aus Zeiteffizienzgründen ungern diesen Aufwand. Ich werde an späterer Stelle noch mal auf diesen Gedanken zurückkommen. Im Falle einer Vernetzungsanfrage in Zusammenhang mit einer Reaktion auf meinen Beitrag mache ich allerdings eine Ausnahme von dieser Regel. Denn hier gibt es durchaus einen Anknüpfungspunkt, auf den du sinnvoll Bezug nehmen kannst. Hier kannst du dich bei der Vernetzung schlicht für den Like oder den Kommentar bedanken oder aber direkt auch auf den Inhalt zurückkommen. Dann hat der Empfänger der Kontaktnachricht auch noch mal eine Erinnerung, woher ihr euch kennt.

Don't post and ghost: Bei unseren Posts war eine wichtige Zielsetzung, dass Leser damit interagieren. Zum einen natürlich, weil wir unsere Beiträge lebendig gestalten wollen und möchten, dass sie viral gehen.

Dafür ist es förderlich, dass frühe Kommentare auch beantwortet werden, damit ein Dialog unter dem Beitrag entsteht. Daran erkennt auch LinkedIn, dass der Beitrag für deine Leser relevant ist, und auch, dass du an einem Dialog und nicht an einem Monolog interessiert bist, und wird den Beitrag mehr Lesern in ihrem Feed anzeigen. Diese Reaktionen sind für uns aber auch wichtig, weil wir die Interagierenden auf neue Kontaktmöglichkeiten scannen wollen. Deshalb solltest du rund um den Veröffentlichungszeitraum deines Posts in LinkedIn aktiv sein. Das gibt dir die Möglichkeit, zeitnah auf Kommentare zu reagieren und die Interaktionen weiter anzuregen.

Kontaktquelle (2): Profilbesucher und Follower Eine weitere wichtige Quelle für Neuvernetzungen sind Personen, die dein Profil besucht haben oder dir bereits ohne Vernetzung folgen. Denn auch das sind Menschen, die ein Interesse an dir und/oder deinen Dienstleistungen haben. Die Wahrscheinlichkeit ist hoch, dass diese LinkedIn-User einer Vernetzungsanfrage zustimmen, denn sie haben dich bereits an anderer Stelle wahrgenommen, möglicherweise einen Beitrag von dir gesehen oder einen Kommentar bei einem anderen, fremden Post gelesen. Auch diese Kontaktquelle ist also eine warme Quelle, hier triffst du nicht völlig kalt auf einen komplett unbekannten Kontakt.

Profilbesucher: Als LinkedIn-Premium-User hast du die Möglichkeit, nicht nur zu sehen, dass Menschen dein Profil besucht haben, sondern auch wer das jeweils war. Aber auch als Standard-User kannst du bis zu fünf Profilbesucher namentlich identifizieren, die zuletzt dein LinkedIn-Profil angeschaut haben. Auch dies sollte Teil deiner LinkedIn-Routine werden: Screene diese Liste auf Personen, die noch nicht mit dir vernetzt sind, und prüfe, ob sie für dich relevant sind. In diesem Fall kannst du ihnen eine Vernetzungsanfrage schicken.

Aber auch Profilbesucher, die bereits Kontakte 1. Grades sind, sind für dich spannend. Offensichtlich hat es einen Anlass gegeben, dass diese Kontakte einen genaueren Blick auf dich werfen wollten. Ein realistisches Szenario: der Besucher hat etwas Inspirierendes auf deinem Profil entdeckt, das ihm weiterhilft, aber die direkte Kontaktaufnahme gescheut. Weil er ein zurückhaltender Mensch ist, weil er noch mal tiefer recherchieren wollte, aber vielleicht auch, weil er keine Kontaktdaten gefunden hat, oder in dem Moment keine Zeit hatte, dir zu schreiben. Hier von deiner Seite die Kontaktinitiative zu ergreifen, bringt dich höchstwahrscheinlich einem interessierten Kontakt ein Stückchen näher. Also nicht nur aus Aspekten der Neuvernetzung ist die Liste der Profilbesucher relevant, auch aus dem bestehenden Netzwerk ist das eine wertvolle Information für vorhandenes Interesse – insbesondere, wenn einzelne LinkedIn-User häufiger auf deinem Profil landen.

Follower: Die zweite wichtige Gruppe der warmen LinkedIn-User sind deine Follower. Diese sind technisch zu unterscheiden von deinen Kontakten, auch wenn das umgangssprachlich gerne in einen Topf geworfen wird. LinkedIn bietet unterschiedliche Wege an, wie man sich mit anderen Usern verbinden kann. Zum einen die Vernetzung (beide Kontakte sehen die Inhalte des anderen) und das Folgen (nur ich sehe die Inhalte der Person, der ich folge). Das Folgen ist eine einseitige Willenserklärung, eine Vorstufe des Vernetzens. Wenn du im Content Creator Modus aktiv bist, ist das „Folgen" die Standard-Option für deine Profilbesucher – wenn sie sich mit dir „richtig" vernetzen wollen, müssen sie ein bisschen nach dieser Funktion suchen.

Warum folgt dir jemand? Höchstwahrscheinlich, weil er die Beiträge deines Profils inspirierend fand und deshalb mehr davon angezeigt bekommen möchte. Das Interesse deines Followers an dir ist also da – warum also nicht die Initiative ergreifen und dich mit ihnen vernetzen? Eine dankbare Quelle für die warme Vernetzung, denn auch hier „kennt" der LinkedIn-User dich bereits und wird mit hoher Wahrscheinlichkeit der Vernetzungsanfrage zustimmen.

Auch in diesem Fall kann eine Vernetzungsnachricht sinnvoll sein, dann hat der Empfänger gleich einen Bezug.

Kontaktquelle (3): Eigene Suche Sind die ersten beiden Quellen noch nicht ausreichend ergiebig für deine gewünschte Anzahl neuer Vernetzungen, so gibt es noch eine dritte Variante: die der kalten Vernetzung. In diesem Fall gibt es in der Regel keinen wirklichen Kontaktanlass. Diese potenziellen neuen Kontakte recherchieren wir auf der grünen Wiese nach den Filterkriterien unserer Zielgruppe. In erster

Linie kommen hier die demografischen Kriterien zu Einsatz. In der Praxis wird das oft nicht ausreichen, um die „richtigen" Menschen zu finden – nicht alle Parameter deiner Wunschkunden lassen sich technisch in Suchkriterien pressen. Gerade die soften Faktoren kann man nicht direkt im LinkedIn-Profil ablesen. Dennoch hilft das Aufstellen der Suchparameter beim Eingrenzen der Treffermenge. LinkedIn hat im Moment eine Mrd. User weltweit, davon 20 Mio. allein in der DACH-Region. Diese ohne weitere Eingrenzung zu durchforsten wäre die sprichwörtliche Suche nach der Nadel im Heuhaufen.

Wonach kannst du also suchen? Dabei gilt es die grundsätzliche Unterscheidung zu treffen, ob du LinkedIn als Standard-User nutzt oder auf den Sales Navigator, also die kostenpflichtige Premium-Version zurückgreifen kannst, da dir jeweils unterschiedliche Filteroptionen zur Verfügung stehen. Im Falle der Standard-Lizenz sind die Kriterien begrenzt, aber man kann in der Regel schon gute erste Sucherfolge haben. Filtern lässt sich hier unter anderem:

- Kontaktgrad (direkte Kontakte bzw. Kontakte 2. oder 3. Grades)
- Kontakt/Follower von [einem anderen LinkedIn-User]
- Standort [in unterschiedlicher Tiefe: vom Kontinent über länderübergreifende Regionen (wie DACH), einzelne Staaten, Metropolregionen bis hin zu einzelnen Städten]
- Themen [von Usern, die im Creator Modus aktiv sind]
- Aktuelles und früheres Unternehmen
- Hochschule
- Branche
- Profilsprache
- Freitextfelder z. B. für Position (z. B. Geschäftsführer)

Zugegeben, die Möglichkeiten der Suche sind begrenzt. Zusätzlich kannst du aber immer noch das Freitextfeld bemühen, um etwa eine bestimmte Berufsbezeichnung, die sich auf dem Profil befindet, mit abzufragen. Im Sales Navigator, der ein Element der kostenpflichtigen LinkedIn-Variante sind, sind die Filtermöglichkeiten ungleich detaillierter. Hinzu kommt, dass du dir die Suchen auch abspeichern und so immer wieder darauf zurückkommen kannst.

Bei dieser Kontaktquelle haben wir es mit kalten Kontakten zu tun – Kontakte, die dich und dein Angebot vermutlich noch nicht wahrgenommen haben. Die Annahmequote ist deshalb deutlich geringer als bei den warmen Kontaktquellen. In diesen Fällen ist es noch entscheidender, mit einem aussagekräftigen Profil, passend zur Positionierung, zu punkten. Auch deine Beiträge spielen hier eine Rolle: Die angefragten User werden ein Blick auf deine Seite und deine Inhalte werfen wollen, bevor sie die Vernetzung bestätigen. Gut, wenn sie dann attraktive Beiträge vorfinden.

Leider kannst du aber bei der Neuvernetzung nicht sehen, wie aktiv der angefragte Kontakt ist. In LinkedIn gibt es nicht wenige Profile, auf denen praktisch keine Aktivität (mehr) stattfindet. Sei es, weil der LinkedIn-User die Plattform ganz aufgegeben hat und das Profil nur noch als Karteileiche stehen geblieben ist, oder aber, dass die Plattform für sein berufliches Vorankommen nur eine untergeordnete Rolle spielt. Auch das kann ein Grund dafür sein, warum die Kontaktanfrage unbeantwortet bleibt – der Angefragte hat es schlicht und ergreifend nicht mitbekommen, dass du dich mit ihm vernetzen willst. Deshalb ist hier auch wenig Geduld gefragt – manche Kontaktanfrage wird erst Wochen oder gar Monate später bestätigt.

Kontaktquelle (4): Empfehlungen Der Vollständigkeit halber sei erwähnt, dass auch die Vorschläge von LinkedIn selbst dich auf interessante Kontakte aufmerksam machen können. Du findest diese Vorschläge in LinkedIn unter „Netzwerk". Hier geht LinkedIn nach dem Amazon-Prinzip für verwandte Produkte vor: „Wenn Ihnen dieser Kontakt gefallen hat, interessieren Sie sich auch vielleicht für diesen." Dabei orientiert sich der Algorithmus an deinen bereits vorhandenen Kontakten sowie deiner Vita und schlägt dir Kontakte aus den folgenden Kategorien vor:

- Top Creator:innen
- Personen aus deiner Region
- Empfohlene Unternehmensseiten basierend auf deinen Aktivitäten
- Personen in ähnlichen Funktionen
- Personen, die dieselbe Hochschule besucht haben
- Etc.

Gerade als Standard-Mitglied kann man hier noch weitere Kontakte finden. Wichtig ist hier, dass man den Algorithmus in die richtige Richtung erzieht. Vernetze dich auf diesem Weg deshalb nur mit für dich passenden Kontakten. Meist ist das Vernetzen etwa mit Studienkollegen zwar sehr interessant, aber sie sind im Zweifelsfall nicht deine Zielgruppe. Der Algorithmus lernt dann aber, dass diese Kontakte für dich relevant sind, und will das Erlebnis wiederholen. Das heißt, wenn du dich hier von deiner Zielgruppe entfernst, bekommst du mehr von den für dich falschen Kontakten vorgeschlagen – das ist nicht zielführend. Diese Quelle der Neuvernetzung ist deshalb keine besonders strategische und sollte deshalb auch nicht die erste Wahl für deine Vernetzungsstrategie sein.

4.7.2 Vernetzungstexte

Ob ein beigefügter Text bei einer Vernetzung zielführend ist oder nicht, darüber gibt es unterschiedliche Meinungen. Ganz schlechter Stil ist es in meinen Augen, einen standardisierten, ich-bezogenen Text zu schicken, der direkt einen Pitch, ein konkretes Angebot, beinhaltet („wäre das grundsätzlich interessant für Sie?"). Das führt in den seltensten Fällen zum Erfolg. Und ganz ehrlich – es nervt den Empfänger, denn von diesen Nachrichten bekommt er viele, mit denen er selten was anfangen kann. Der LinkedIn-User hat sich daran satt gesehen – diese Masche funktioniert nicht mehr, auch wenn sie in zahlreichen LinkedIn-Kursen noch so gelehrt wird. Deshalb stelle ich kalte Vernetzungsanfragen ohne Text. Das ist unverbindlicher und man fällt auch nicht gleich mit der Tür ins Haus.

Nichtsdestotrotz können Vernetzungstexte sinnvoll sein, z. B.

1. wenn man sich persönlich kennt – dann kann man darauf direkt Bezug nehmen, wo man sich live getroffen hat oder über wen der Kontakt zustande kam
2. wenn es ein Profilbesucher oder Follower ist – auch darauf kannst du im Vernetzungstext eingehen, warum du den Kontakt anfragst
3. bei Reaktionen auf deine Beiträge – sei es als schlichtes Dankeschön, oder um die inhaltliche Diskussion weiterzuführen

4. wenn man im Profil oder in den Beiträgen des potenziellen neuen Kontaktes etwas entdeckt hat, auf das man sinnvoll zurückkommen kann – eine Gemeinsamkeit (oder ein Widerspruch), ähnliche Themen oder eine Antwort auf einen Beitrag, die man nicht als Kommentar geben wollte.

Je persönlicher solche Nachrichten sind, desto besser. Nullachtfünfzehn-Nachrichten, die jeder beliebige Empfänger gleichermaßen bekommt, wirken lieblos und führen nicht zum gewünschten Erfolg.

Kurzer Exkurs: InMail Das Nachrichtenschreiben ist in LinkedIn grundsätzlich den direkten Kontakten untereinander vorbehalten. Als Premium-Mitglied man kann auch Nicht-Kontakten eine sogenannte InMail senden, maximal 50 Stück im Monat. Sie ist für den Empfänger unter anderem dadurch gekennzeichnet, dass sie einen Betreff hat. Eine solche InMail zu versenden ist jedoch keine gute Variante. Es macht aus meiner Sicht keinen Sinn, eine Nachricht zu verschicken, wenn ich mich mit dem Kontakt nicht auch vernetzen will – zumal ich ja auch direkt bei der Vernetzung eine Nachricht mitschicken kann. Geht es bei einem sozialen Netzwerk nicht um die Vernetzung? Deshalb „riecht" eine solche InMail immer sehr nach ungewünschter Werbenachricht, nach Spam. Als Empfänger bekommt man schnell den Eindruck, dass der Absender nur etwas verkaufen will. Deshalb kann ich den Einsatz nicht empfehlen – vernetze dich lieber direkt und finde einen persönlichen Einstieg, statt Standardnachrichten via InMail zu versenden.

4.7.3 Anzahl der Neuvernetzungen

Wie viele neue Kontakte brauche ich regelmäßig? Nun: das kommt darauf an, welche Ziele du dir gesetzt hast. Was ist maximal möglich? Es gibt technische Limitierungen, wie viele Vernetzungsanfragen man pro Monat stellen kann. Ohne Sales Navigator, also der LinkedIn-Premium-Version, bist du eingeschränkt und darfst maximal 1000 Profile anschauen. Danach ist die Suche eingeschränkt, d. h. es wird dir nicht mehr so viel angezeigt. Aber auch als Premium-User gibt es eine Obergrenze bei deinen Vernetzungsanfragen: hier ist die Suche auf 2500 Profile beschränkt. Das lässt sich gut nachvollziehen, da zu viele Kontaktanfragen im Monat als Spam gelten und sich ohne Massenbearbeitung (automatisiert) gar nicht bewältigen ließen. Und automatisierte Bearbeitung von Kontakten ist zwar gang und gäbe, aber auch von LinkedIn selbst nicht unbedingt erwünscht und gefördert. Das ist auch nicht in unserem Sinne, da es nicht den einzelnen Menschen in den Mittelpunkt stellt, sondern auf Masse abzielt. Schließlich wollen wir mit zumindest einem Teil der Neuvernetzungen auch ins persönliche Gespräch kommen – das ist ab einer gewissen Größenordnung gar nicht mehr machbar. In der Regel wirst du mit dem von dir definierten Monatsziel aber auch deutlich unter diesen Dimensionen liegen, sodass diese Limitierung in der Praxis keine Rolle spielt.

Annahmequote Dass nicht alle Kontaktanfragen beantwortet werden, ist völlig normal. Umgekehrt entscheiden wir uns auch immer mal wieder gegen einen neuen Kontakt. Eine Annahmequote von 100 % ist deshalb unrealistisch. Anstreben solltest du eine Annahmequote von 50–60 % über alle Vernetzungen (warm und kalt). Das ist eine Benchmark, die du aber regelmäßig überprüfen solltest. Denn Vorsicht: Was LinkedIn nicht gerne mag, sind User, die spamartig Kontaktanfragen verschicken. Sollte die Quote deutlich (und längerfristig) unter 33 % absinken, solltest du dich auf die Suche nach den Ursachen begeben, warum so wenig LinkedIn-User mit dir verbunden sein wollen. Dann könnte es daran liegen, dass dein Profil noch nicht spannend genug ist. Oder dass die Filterkriterien für die Kontaktauswahl zu ungenau sind. Vielleicht hilft dann auch ein (anderer) Vernetzungstext, damit die Quote wieder steigt. Generell kann es dann auch Sinn machen, die unbeantworteten Kontaktanfragen wieder zurückzuziehen. Wenn zu wenige Menschen deine Kontaktanfragen annehmen, kann LinkedIn auch auf die Idee kommen, den Account zu sperren, wenn du als Spammer giltst. Dann kommt schnell der Verdacht auf, dass Automatisierungstools eingesetzt werden, um eine hohe Zahl beliebig gewählter LinkedIn-Accounts zu vernetzen.

4.7.4 Die Sales Pipeline – direkt neue Kunden gewinnen

Warum vernetzen wir uns mit neuen Kontakten? Es geht nicht nur um die reine zahlenmäßige Vergrößerung deines Netzwerks, sondern letzten Endes darum, aus diesem Netzwerk auch neue Kunden zu gewinnen. Der erste Schritt dahin ist der neue Kontakt in deinem Netzwerk, der zweite ist es, mit diesen Kontakten auch ins Gespräch zu kommen.

Auch das ist ein wesentlicher Punkt, an dem wir in Social Media unsere Stärken als introvertierte Menschen ausspielen können. Denn: was wäre die Alternative, um mit neuen Kontakten ins Gespräch zu kommen? Richtig, den Telefonhörer in die Hand zu nehmen. Vielleicht teilst du meine generelle Abneigung gegen das Telefonieren. Insbesondere das Verkaufen via Telefon bereitet vielen Introvertierten Bauchschmerzen. Aber das ist gar nicht nötig – LinkedIn eröffnet ganz eigene Wege.

Statt via Telefon – oder persönlichem Gespräch – jedem Kontakt einzeln unser Angebot, unsere Vorzüge etc. aufzuzählen, kannst du deinen Content für dich sprechen lassen. Die neu vernetzten Kontakte können sich Mehrwert aus deinen Beiträgen ziehen, eine Vorstellung von deiner Expertise bekommen und auf dem Profil auch dein Angebot erkennen. Sie können dich also schon ein Stück weit kennenlernen.

Wenn wir uns nicht auf den Content allein verlassen wollen, können wir im Chat auch Eigeninitiative an den Tag legen, um aus Interessenten auch Kunden zu machen. Vielleicht bist du vertraut mit dem Modell des Verkaufstrichters, auch Sales Funnel genannt (siehe Abb. 4.12), das uns auch noch mal visuell verdeutlicht, wie wichtig es ist, mit einer höheren Anzahl an Menschen in Kontakt zu kommen, um daraus eine kleine Menge Menschen auch als neue Kunden gewinnen zu können.

Wir haben schon gesehen, dass von der Anzahl der Kontaktanfragen, die wir aktiv stellen, nur etwa 50–60 % angenommen werden. Das ist das erste Sieb in unserem Trichter: nur rund die Hälfte Kontaktanfragen wird auch Teil deines Netzwerks.

Das erste Ziel ist jetzt das Kennenlernen und vorsichtige Abklopfen, ob es sich beim neuen Kontakt um deine Zielgruppe handelt. Die erste

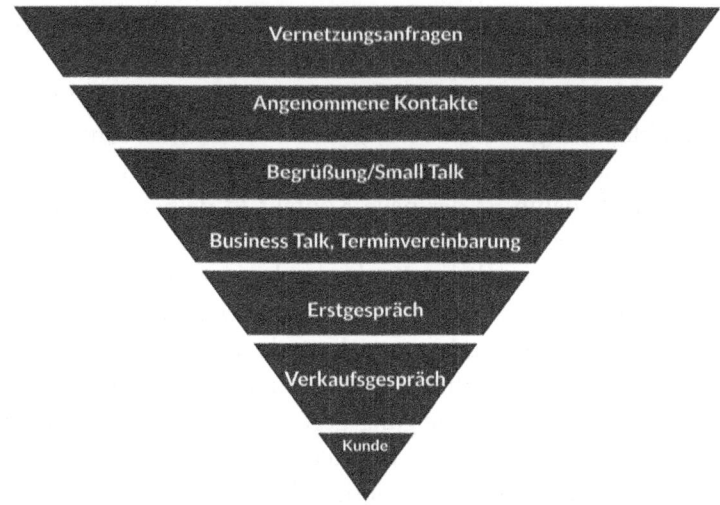

Abb. 4.12 Idealtypischer Sales Funnel

Aktion ist deshalb die Begrüßung. Wenn wir im anschließenden Chat merken, dass wir dem neuen Kontakt weiterhelfen können, gilt es direkt dranzubleiben. Wie das genau ablaufen kann, darauf kommen wir in Abschn. 4.7.5 zu sprechen.

Wenn bei der Begrüßung keine Übereinstimmung festzustellen ist, oder das Gespräch im Sande verläuft, entspricht es der leisen Art, hier nicht nervig und aufdringlich wiederholt nachzufassen. Der Kontakt kann im Netzwerk bleiben und kann sich so über deinen Content weiter informiert halten (Stichwort „Stiller Leser"). Ggf. ergreift er auch später noch mal die Initiative und nimmt den Kontakt wieder auf.

Im Verkaufstrichter trennt sich das weitere Vorgehen in zwei Modi auf, wenn wir via Chat mit unseren potenziellen neuen Kunden ins Gespräch kommen wollen.

1. Wir kommen zügig bei der Kontaktaufnahme via Chat zum Ziel.
2. Wir belassen es bei der ersten Kontaktnahme und kommen später noch mal auf den Kontakt zu.

Was unterscheidet die beiden Modi? Letztlich der Wunsch, nicht aggressiv und „pushy" auf meine Mitmenschen einzureden. Natürlich wäre es wünschenswert, wenn jeder neu vernetzte Kontakt gleich zum Kunden wird. Und gelegentlich wird das auch passieren. In den meisten Fällen braucht es jedoch Zeit, bis aus einem LinkedIn-Kontakt auch ein Kunde wird. Das kann unterschiedliche Gründe haben. Du erinnerst dich an die „Know – like – trust"-Formel aus dem Kapitel „Content-Erstellung"? Hier spielt sie wieder eine Rolle. Der (neue) Kontakt muss dich erst kennenlernen, sympathisch (im Businesskontext) finden, dir aber auch das entsprechende Vertrauen entgegenbringen, dass du für die angebotene Dienstleistung der richtige Ansprechpartner bist.

Denn: auch wenn wir selbst die Dinge in die Hand nehmen und das Gespräch selbst vorantreiben wollen – nicht jeder Kontakt „beißt gleich an". Das ist völlig normal und auch verständlich. Manchmal ist die Zeit noch nicht reif, der Kontakt hat noch andere Dinge zu erledigen, es gibt kein Budget oder aber das Vertrauen in dich und deine Dienstleistung ist einfach noch nicht vorhanden. Durchschnittlich braucht es rund 15 Kontaktpunkte, damit ein Kontakt ausreichend Vertrauen aufbauen kann. Und das kann sich über Monate hinziehen – eine Verbindung baut sich nicht von heute auf morgen auf. Aus diesem Grund ist es auch wenig zielführend, zu früh mit einem Pitch, einem konkreten Angebot, um die Ecke zu kommen. In solchen Fällen lässt man oft verbrannte Erde zurück – bei einem derart verschreckten oder gar verärgerten Kontakt habe ich meine Chance vertan. Das vernachlässigt den Aspekt des langfristigen Beziehungsaufbaus. Die leise Art der Netzwerkpflege ist nachhaltig – sie dauert länger, wirkt dafür aber auch deutlich länger nach.

Deshalb: Wenn du merkst, dass du an einer Stelle nicht weiterkommst, auf deine Nachrichten keine Reaktion (mehr) erfolgt, wollen wir dem Kontakt auch nicht auf die Nerven fallen, sondern es vorerst beim regelmäßigen Content belassen (siehe auch Abb. 4.13). Aber: Damit du ihn nicht vergisst, gilt es, das Nachfassen zu organisieren (siehe Abschn. 4.7.6). Es wird also im Weiteren auch darum gehen, geeignete weitere Kontaktpunkte zu identifizieren, die du aktiv setzen

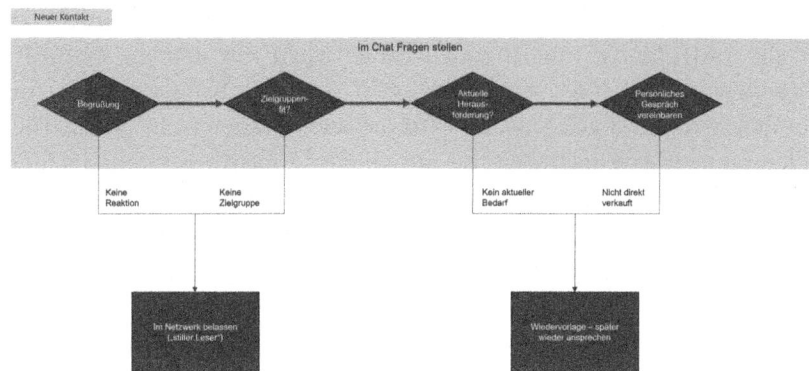

Abb. 4.13 Wie du mit neuen Kontakten ins Gespräch kommst – und wann du aussteigst

kannst, und darum, Routinen zu entwickeln, um deine „angewärmten" Kontakte dann auch weiter mit Informationen zu versorgen.

4.7.5 Nach der Neuvernetzung – komm ins Gespräch!

Begrüßung als Kontaktpunkt Was können wir also tun, um unsere neuen Kontakte kennenzulernen, und herauszufinden, wie gut wir zueinander passen? Nun, schon an dieser Stelle wollen wir mit ihnen ins Gespräch kommen. Allerdings noch ganz in LinkedIn-Manier: schriftlich und asynchron via Chat (Messenger). Nach der eigentlichen Vernetzung ist deshalb die folgende Chatnachricht auch schon der zweite Kontaktpunkt (oder gar schon der dritte, wenn der neue Kontakt sich mit deinem Profil auseinandergesetzt hat). Deshalb sind Begrüßungsnachrichten ein wichtiger Schritt, um mit dem Kontakt auch eine Verbindung aufzubauen. Hier gilt es, Sympathie zu wecken, Dialogbereitschaft zu signalisieren. Zentrales Ziel ist hier nicht der „Pitch", das Platzieren deines Angebots – was du anbietest, kann er auf deinem Profil sehen. Es geht primär ums Kennenlernen, aber auch im Verlauf schon um ein vorsichtiges Abklopfen, ob der neue Kontakt zu deiner Zielgruppe gehört. Schon in diesem Schritt möchtest du gerne herausfinden, ob dein Gegenüber eine Herausforderung hat, bei der du ihm helfen kannst. Natürlich, ohne mit der Tür ins Haus zu fallen, also nicht gleich bei der allerersten Nachricht.

Besonders wenn wir die Vernetzung ohne eine beigefügte Nachricht angefragt haben, ist eine Begrüßungsnachricht unumgänglich. Das gebietet schon die Höflichkeit. Aber jetzt kannst du dem neuen Kontakt (und auch dem LinkedIn-Algorithmus) zeigen, dass du ernsthaft an ihm interessiert bist. Das heißt, spätestens an dieser Stelle ist es zielführend, sich das Profil oder auch andere Quellen wie die Webseite oder andere Social-Media-Accounts genauer anzuschauen, um einen Anhaltspunkt zu erkennen, den du in der Begrüßungsnachricht aufgreifen kannst. Dabei kannst du Gemeinsamkeiten aufgreifen: vielleicht habt ihr die gleiche Hochschule besucht, du hast einen Bezug zum Wohnort, ihr seid in gleichen Gruppen oder habt gemeinsame Kontakte. Du kannst thematisch einsteigen, indem du auf seine Posts oder die Profilbeschreibung eingehst. Eventuell kannst du das auch mit einer Frage verknüpfen und so an die Expertise des Gegenübers appellieren. Oder aber du möchtest einen Aspekt im Profil lobend hervorheben wie etwa ein gelungenes Bannerbild oder ein spannender Profilslogan.

Aber auch, wenn du auf den ersten Blick keinen sinnvollen persönlichen Gesprächseinstieg findest, möchte ich den Neukontakt nicht unbegrüßt lassen. Für diesen Zweck kannst du dir ein paar „Standard-Begrüßungsfloskeln" parat legen. Das heißt nicht, dass wir automatisiert Kontakte knüpfen und mit Textnachrichten bespielen wollen! Aber ein paar Textbausteine erleichtern dir den Einstieg. Wichtig ist dabei, dass du auch hier nicht mit der Tür ins Haus fällst. Diese Begrüßung hat idealerweise nicht dich im Zentrum, sondern deinen neuen Kontakt.

Erstgespräche vereinbaren als Ziel Jetzt hast du den Kontakt begrüßt – wie geht es nun weiter? Im folgenden Kapitel möchte ich dir einen Art Gesprächsleitfaden für deine Chatverläufe an die Hand geben. Aber an dieser Stelle soll es noch mal darum gehen, das Ziel dieser Aktivitäten zu definieren. Vor allem, wenn du 1:1 mit Menschen zusammenarbeiten willst, ist das persönliche Kennenlernen essenziell. Als Dienstleistungsanbieter werden wir unser Angebot in der Regel über vorgeschaltete Verkaufsgespräche an den Mann bringen – anders als bei (niedrigpreisigeren) klar umrissenen Produkten, die man direkt in den (virtuellen) Warenkorb legt. Es braucht hier mehr Erklärung, aber auch wir brauchen mehr Infos des potenziellen Kunden, um entscheiden zu können, ob und wie wir ihm weiterhelfen können. Und am Ende des Tages geht es natürlich auch um das persönliche Kennenlernen: eine intensive persönliche Zusammenarbeit etwa im Coaching oder bei Trainings setzt auch voraus, dass die Chemie stimmt. Vieles kannst du via Social Media transportieren, durch das Profil, deine Posts oder auch die Chatnachrichten, aber einen wirklichen Live-Austausch kann das nicht ersetzen.

Für einen sinnvollen Einsatz deiner Zeit hat sich die Unterteilung in Erst- und Verkaufsgespräche bewährt. Warum das so ist und was jeweils darunter zu verstehen ist, möchte ich dir im Folgenden erläutern.

Das Erstgespräch: Das Erstgespräch dient – wie der Name vermuten lässt – dem ersten Kennenlernen. Es ist der erste Live-Austausch, oft via Telefon oder Videokonferenz, den du mit einem Social-Media-Kontakt hast. Dieses Gespräch ist kurz, oft reichen 15–20 min völlig aus, um das Gesprächsziel zu erreichen. Dein Gesprächsziel ist es zu klären, ob dein Gegenüber grundsätzlich zur Zielgruppe gehört, ob du ihm weiterhelfen kannst, ob er schon bereit ist, dein Kunde zu werden beziehungsweise, ob er grundsätzlich zahlungsbereit ist. Deshalb ist für diese Gesprächsform auch der Begriff Qualifizierungscall (kurz: Qualicall) oder Discoverycall verbreitet. Es geht in erster Linie um das Kennenlernen, um festzustellen, ob ihr euch sympathisch seid, aber auch mit ersten, oberflächlichen Fragen herauszufinden, wo dein Gesprächspartner steht, wenn es um dein Thema geht. In der Kürze der Zeit kannst du nicht besonders in die Tiefe gehen, aber das ist auch gar nicht nötig.

Halte diese Gespräche kurz – allzu schnell hat man sonst nette virtuelle „Kaffeeplauschs", die über eine Stunde dauern, auch wenn du früh feststellen konntest, dass du hier keinem Zielkunden gegenübersitzt. Merkst du im Gespräch, dass es Anknüpfungspunkte gibt, vereinbare gerne einen Folgetermin, das sogenannte Verkaufsgespräch. Wenn der Gesprächsrahmen zu Beginn des Gesprächs klar gesetzt ist, kann man solche Calls auch wirklich in diesem Zeitrahmen durchführen – und so natürlich auch mehr solcher Erstgespräche führen, als wenn man jedes

Gespräch ohne zeitliche Begrenzung ansetzt. Dann kommt man schnell ins Plaudern: Das kann sehr nett und inspirierend sein, aber als Selbstständiger ist Zeit ein kostbares Gut. Aber bitte nicht falsch verstehen: es können spannende Dinge entstehen, auch wenn sich im Gespräch ergibt, dass der Gesprächspartner nicht zu deiner Zielgruppe gehört. Synergien können auf sehr unterschiedlichen Wegen entstehen, sei es, dass ihr einander für Interviews oder Gastartikel zur Verfügung steht, dass gemeinsame Projekte und Kooperationen erwachsen oder dass ihr euch gegenseitig mit euren Dienstleistungen empfehlen könnt, wenn ihr euch näher kennengelernt habt. Und natürlich kann auch „nur" ein herzlicher Kontakt entstehen mit einem Menschen, der dich inspiriert. Es geht also nicht ausschließlich um das Abklopfen eines möglichen Geschäftspotenzials: Die „leise Art" des Social Media unterstützt das Netzwerken und den menschlichen Austausch auf unterschiedlichen Ebenen.

Das Verkaufsgespräch: Wenn das Erstgespräch dir ankündigt, dass es sinnvoll ist, das Gespräch zu vertiefen, bietet sich ein zweiter Termin an: das Verkaufsgespräch. Dieser Call kann dann auch gerne 45–60 min andauern. Darin prüfst du im Detail, wie du dem Interessenten weiterhelfen kannst und unterbreitest dein Angebot. In einem solchen intensiven Gespräch mit deinem Gegenüber kannst du als Introvertierter ganz auf deine Stärken vertrauen. Natürlich hast du als Ziel den Verkauf vor Augen – so ehrlich dürfen wir uns und auch den Gesprächspartnern gegenüber sein. Dem geht jedoch eine intensive Bedarfsanalyse voraus. Deine Stärken im Analysieren, im Zuhören, im gezielten Stellen der richtigen Fragen lassen dich leicht herausfinden, welche Herausforderungen dein Gesprächspartner hat. Und wenn es dann darum geht, deine Lösung zu präsentieren, profitierst du von deiner umfangreichen Erfahrung und kannst wie ein Fisch im Wasser agieren – dann weißt du, wovon du sprichst. Dann bist du tief in der Materie drin. Dann haben wir die Sphären des oberflächlichen Small Talks längst hinter uns gelassen und sind in ein intensives Fachgespräch eingetaucht.

Dennoch ist für viele eher zurückhaltende Menschen ein Verkaufsgespräch zumindest eine Herausforderung. Vielleicht hast du selbst schon die Erfahrung gemacht, wie es sich anfühlt, wenn man einem echten Verkäufer-Typen gegenübersitzt, der geschult seine Gesprächsleitfäden abspult. Schnell fühlt man sich da manipuliert und am Ende zu einer Entscheidung genötigt, die man gar nicht fällen wollte. Das Gefühl, „an die Wand geredet" zu werden, ist nicht angenehm. Das möchte man auch niemandem zumuten.

Aber so muss ein Verkaufsgespräch auch gar nicht ablaufen. Vor allem wenn man in den Projekten noch selbst mit den Käufern zusammenarbeitet, halte ich das auch für kontraproduktiv. Denn wenn ich meinem Kunden nur etwas aufgeschwatzt habe, was er gar nicht wirklich gebrauchen kann, wird die Zusammenarbeit nicht harmonisch verlaufen. Das ist von daher nicht die Zielsetzung, um jeden Preis einen Verkaufsabschluss zu tätigen, sondern erst einmal solide die Ausgangslage und die Ziele zu ermitteln und dann dein Angebot damit abzugleichen.

Nichtsdestotrotz solltest du als Verkäufer solche Gespräche leiten, um auch durch gezielte Fragen diese Bedarfsanalyse steuern zu können. Wie ist ein solches Verkaufsgespräch idealerweise aufgebaut?

Der Sympathie- und Vertrauensaufbau hat ja schon vor dem Gesprächstermin stattgefunden, aber natürlich startet auch das Verkaufsgespräch mit einem kleinen Small Talk, um nicht gleich über Zahlen, Daten, Fakten zu sprechen. Ein paar kurze allgemeine Fragen holen deinen Gesprächspartner ab, und du kannst dich in seine Ausgangslage hineinversetzen: Hat er bereits einen stressigen Arbeitstag hinter sich? Hat er sich direkt vor dem Gespräch über etwas gefreut oder geärgert? Schwitzt er an einem Hochsommertag ohne Klimaanlage oder hat noch mit den Ausläufern einer Erkältung zu kämpfen? All diese Einblicke helfen dir, zu verstehen, wie es deinem Gesprächspartner geht, damit du nicht stur deinen Fragenkatalog abklapperst. Damit baust du eine Verbindung zum Gegenüber auf und zeigst ein Interesse am Gegenüber, bevor ihr zum Kern des Gespräches kommt.

Der Mittelteil besteht aus besagter Bedarfsanalyse. Es hat sich bewährt, wenn du dem Gespräch auch selbst einen Rahmen gibst, indem du deinem Gesprächspartner erläuterst, was du mit ihm vorhast. Damit er sich nicht wundert, warum du ihm so viele Fragen stellst, ist es hilfreich klarzumachen, dass das Hauptziel des Gesprächs darin besteht, zu verstehen, wie du helfen kannst – und nicht in einer manipulativen Verkaufsabsicht. Übrigens halte ich es für absolut legitim, wenn du dir zum einen einige Fragen notiert hast, die für dich wichtig sind, und das deinem Gesprächspartner auch offen sagst. Dann wird auch deutlich, dass du das Gespräch ernst nimmst und nicht einfach nur plaudern möchtest. Genauso legitim ist es, sich während des Gesprächs Notizen zu machen, um einzelne Gedanken im Verlauf wieder aufgreifen zu können.

Welche Fragen sinnvoll sind, hängt natürlich von der Ausgangslage ab, von deinem Angebot und auch, was ihr im Erstgespräch schon besprochen habt. Zielführend sind immer offene Fragen, sodass dein Gegenüber mehr als nur ja oder nein antworten wird. Dein Redeanteil in diesem Gespräch sollte auch deutlich unter dem deines Interessenten liegen. Du stützt und vertiefst dann lediglich mit Folgefragen. Bedenke immer, dass dein Ziel darin liegt, die individuelle Situation deines potenziellen Kunden zu verstehen.

Im weiteren Verlauf des Gesprächs kannst du dann die Vorteile deiner eigenen Dienstleistung in den Fokus rücken. Das funktioniert immer am besten, wenn du dein Angebot mit den identifizierten Bedürfnissen deines Interessenten in Einklang bringen kannst. Hilfreich ist auch, wenn du das in Verbindung mit bisherigen Kundenprojekten bringen kannst. Damit demonstrierst du, dass andere Menschen in einer vergleichbaren Ausgangslage mit deiner Unterstützung bereits Erfolge erzielen konnten.

Meiner persönlichen Erfahrung nach ist es entscheidend, den Interessenten nicht zu drängen oder zu überreden. Wenn du dein Unterstützungsangebot klar kommuniziert hast und auch Raum für Rückfragen gegeben hast, sollte deutlich geworden sein, dass du die Herausforderungen deines Gesprächspartners verstanden hast und dafür eine Lösung bieten kannst. Und dein Gegenüber wird es dir auch danken, wenn du ihm offen und ehrlich sagst, wenn du der falsche Ansprechpartner für seine Aufgabenstellung bist. Eventuell hast du jemanden im Netzwerk, der übernehmen kann. Auch das kann ein positiver Ausgang eines Verkaufsgesprächs sein. Dann hat der Interessent nicht direkt bei dir gekauft, aber du konntest ihm mit deinem Netzwerk weiterhelfen. Das wird er positiv in Erinnerung behalten.

In diesem Prozess liegt die wahre Kunst darin, transparent und respektvoll vorzugehen, ohne dabei das Ziel aus den Augen zu verlieren. Unser Ziel ist in der Regel kein schneller Verkauf, sondern der Aufbau einer langfristigen, vertrauensvollen Geschäftsbeziehung, die auf gegenseitigem Verständnis und Nutzen beruht.

Telefon, Videokonferenz, persönlich? In welchen Formaten du diese Gespräche durchführst, ist dabei unerheblich. Letztlich darf dein bevorzugter Kommunikationsweg zum Einsatz kommen. Aber auch pragmatische Überlegungen spielen hier eine Rolle. Kommunikationsformen, die du live, aber an deinem Arbeitsplatz einsetzen kannst, sparen natürlich die Anreise. Persönlich bin ich kein Fan von Telefonaten, da dabei immer der persönliche Eindruck auf der Strecke bleibt. Im Video-Call habe ich auch das Bild meines Gegenübers sichtbar, sodass ich auch die Mimik wahrnehmen kann – und umgekehrt. So entsteht meist ein deutlich greifbarer Eindruck des Gesprächspartners. Gleichzeitig kann ich auch wahrnehmen, wie meine Aussagen und Fragen ankommen, worauf mein Gesprächspartner reagiert. In Zeiten des Homeoffice und Lockdown der vergangenen Jahre haben die meisten von uns auch gelernt, technisch mit diesen Möglichkeiten umzugehen, sodass das auch aus diesem Grund keine Hürde mehr sein sollte – die meisten LinkedIn-Kontakte sollten in der Lage sein, Zoom, Teams und Co. zu bedienen. Natürlich ist ein persönlicher Kontakt, ein echtes physisches Treffen am gleichen Ort, nicht zu ersetzen, aber es lassen sich schlicht und ergreifend mehr Gespräche auf virtuellem Wege durchführen.

Aber es ist auch sehr abhängig davon, was dein Angebot ist und wie du die Umsetzung planst. Wenn du ohnehin regional begrenzt agierst und auch die spätere Zusammenarbeit vor Ort stattfinden wird, wird man früher zu Offline-Treffen übergehen. Wenn deine Dienstleistung jedoch überwiegend virtuell stattfindet, kann es Sinn machen, auch die Akquisegespräche via Zoom und Co. durchzuführen. In der Praxis ist das Erstgespräch oft per Telefon oder Videokonferenz und das längere Verkaufsgespräch dann mit einem persönlichen Treffen verknüpft.

Chatleitfaden für die Gesprächsvereinbarung Ich möchte dir in diesem Kapitel eine Anregung mitgeben, wie du deine Chats strukturieren kannst, um idealtypisch von der Neuvernetzung zum Gespräch zu kommen. Wichtig ist es zum Einem, deine ganz individuelle Sprache zu finden, die auch deine Zielgruppe anspricht. Zum anderen entwickeln

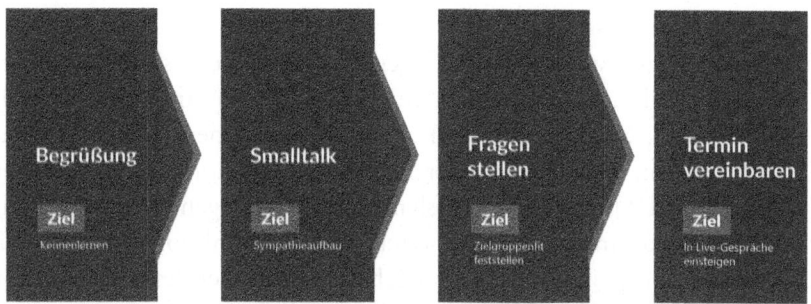

Abb. 4.14 Phasen im Verlauf eines Chats

sich Gespräche unterschiedlich, sodass das Kernelement das Zuhören, bzw. im Chat das aufmerksame Lesen ist, damit dein Gegenüber sich auch verstanden fühlt. Es ist unsäglich unangenehm – und auch absolut nicht zielführend – wenn du deinen Chatpartner mit Nullachtfünfzehn-Nachrichten abspeist, ohne auf seine Antworten einzugehen. Deshalb kann es einen Standard-Chatleitfaden, der auf alle Eventualitäten passt, meiner Meinung nach nicht geben. Aber es gibt einige Muster bzw. Grundregeln in den Chats, die du nutzen kannst, um das Gespräch in eine gewünschte Richtung zu lenken (Abb. 4.14).

1. **Small Talk führen**
   Das beginnt stets mit der Begrüßung und dem Versuch, einen gemeinsamen Nenner zu finden (gemeinsame Interessen, Branchen, Erfahrungen).
   Dein Ziel: Sympathieaufbau
2. **Richtige Fragen stellen**
   Mit gezielten Fragen erfährst du mehr über die Herausforderungen deines Gegenübers im Zusammenhang mit deinem Thema. Stelle dabei stets offene Fragen, um das Gespräch in Gang zu halten. Zum Beispiel: „Wie bist du zu deiner aktuellen Position gekommen?" oder „Welche Aspekte deiner Branche interessieren dich besonders?"
   Wichtig: Sei dabei stets authentisch und zeige echtes Interesse an der Person. Vermeide standardisierte Nachrichten, sondern gehe auf individuelle Details und die Antworten auf deine Fragen ein.
   Dein Ziel: Zielgruppenfit feststellen

3. **Termin vereinbaren**
Wenn du merkst, dass dein Gegenüber eine Herausforderung hat, bei der du ihm helfen kannst, ist es sinnvoll, in ein Live-Gespräch zu wechseln. Sonst bleibt man allzu lange in einem sympathischen Chat hängen. Dein Gegenüber hat in der Regel auch nicht immer Zeit, lange Texte zu tippen, deshalb solltest du irgendwann auch auf den Punkt kommen. Aber ein Pitch via Chat funktioniert selten, da ist immer ein persönliches Gespräch angezeigt. Sei deshalb offen für Signale, die die Gesprächsbereitschaft signalisieren
Dein Ziel: in die Live-Gespräche einsteigen

Bis eine solche Terminvereinbarung via Chat stattfindet, sind in der Regel einige Nachrichten hin- und hergegangen. Der Know-like-trust-Funnel wird nicht mit dem ersten Kontakteknüpfen durchlaufen. Auch hier ist Geduld gefragt.

4.7.6 Netzwerk pflegen – Kundengewinnung aus langfristigem Beziehungsaufbau

Wie bereits erwähnt, kann es sein, dass der Chat nicht gleich zum gewünschten Ziel, dem Termin für ein Erstgespräch, führt. Das ist auch völlig in Ordnung – umgekehrt möchte ich als potenzieller Kunde auch nicht gleich mit jedem neuen Kontakt in einen Zoomcall einsteigen, auch wenn wir uns sympathisch waren. Vielleicht war das Vertrauen noch nicht da, aber in den allermeisten Fällen ist die Zeit einfach noch nicht reif. Nicht jede Dienstleistung wird zu jeder Zeit nachgefragt.

Solche Kontakte möchten wir deshalb nicht belästigen, aber sie auch nicht vergessen. Wir werden uns gleich noch mit der Frage beschäftigen, wie wir das „Dranbleiben" organisieren und wie wir wieder Kontakt aufnehmen können. Aber bleiben wir noch einen Moment in der Gegenwart, bei dem Augenblick, in dem du entscheidest, das Gespräch nicht weiter aufzunehmen. Ein zentraler Tipp, den ich dir an dieser Stelle mitgeben möchte: Mache dir Notizen zum Kontakt, damit nichts verloren geht. Was war der Kontaktanlass, wie habt ihr euch kennengelernt? Worauf hat er reagiert (dein Beitrag zum Thema X)? Was sind seine Themen? Welche Herausforderung hat er? Was hat er dir schon im aktuellen Gespräch/Chat erzählt? Hast du die Kontaktanfrage gestellt oder war es dein Gegenüber? All das wird dir beim Wiederaufgreifen des Gesprächsfadens weiterhelfen.

Keine Sorge, das musst du nicht bei jedem neu vernetzten LinkedIn-Kontakt tun. Das würde den Rahmen sprengen. Einige Kontakte werden schon früh aussteigen, weil sie gar nicht Zielgruppe sind, oder einfach noch sehr weit von deinem Angebot sind. Aber bei allen Menschen, bei denen du schon einmal eine Passung festgestellt hast und auch ein paar Mal hin- und hergechattet wurde, solltest du dir die zentralen Infos auch notieren.

Was können weitere Kontaktpunkte sein? Im Laufe der Vernetzung haben wir einige Kontaktpunkte mit unseren Kontakten. Es ist wichtig, sich das bewusst zu machen – denn jeden einzelnen dieser Kontaktpunkte kannst und solltest du natürlich für dich nutzen. Umgekehrt sollte dir auch klar sein, dass der Kontaktpunkt auch entsteht, wenn du ihn nicht für dich nutzt, also auch ein negativer Eindruck entstehen könnte, wenn du etwa einen neuen Kontakt nicht auch begrüßt.

Die Kontaktpunkte müssen auch nicht zwangsläufig nur über LinkedIn entstehen, auch wenn das der Kanal ist, über den ihr euch kennengelernt habt. Die Abb. 4.15. zeigt eine Übersicht möglicher Kontaktpunkte (ohne Anspruch auf Vollständigkeit), die du mit deinem LinkedIn-Kontakt im Laufe der Zeit haben kannst. Jeder einzelne davon sollte von dir bewusst und gezielt eingesetzt werden, um den Verlauf der Beziehung in deinem Sinne zu steuern.

Womit kannst du einen Kontakt nun auch später noch ansprechen? Hier sind einige Anregungen für weitere Anlässe, um auch Wochen und Monate nach der Vernetzung mit deinen LinkedIn-Kontakten wieder ins Gespräch zu kommen:

1. **Glückwünsche und Gratulationen sowie Saisonales**
   Nutze Geburtstage, Jahrestage beruflicher Meilensteine oder andere bedeutende Ereignisse, um deinem Kontakt zu gratulieren und gute Wünsche auszusprechen. Auch Weihnachtsgrüße und Co. fallen in diese Kategorie.

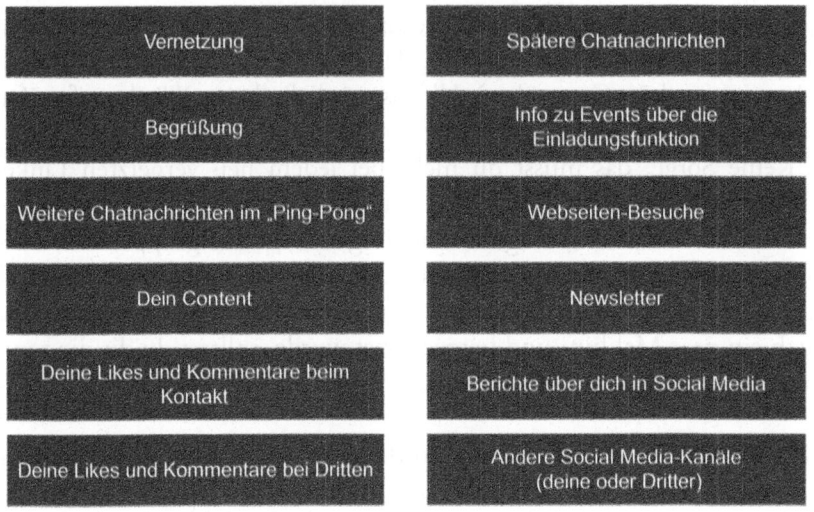

Abb. 4.15 Übersicht möglicher Kontaktpunkte auf der Customer Journey

2. **Teilen von relevanten Inhalten**
Teile Artikel, Studien, Blogbeiträge oder andere Inhalte, die für deine Kontakte von Interesse sein könnten. Das können Inhalte von dir oder auch von Dritten sein. Vor allem Umfragen eignen sich hierfür, indem du deinen Kontakt um seine Meinung bittest. Markiere sie ggf. in deinen Beiträgen, um ihre Aufmerksamkeit zu bekommen, wenn das inhaltlich sinnvoll ist (nicht spamartig verwenden).

3. **Kommentieren von Beiträgen**
Kommentiere Beiträge deiner Kontakte und zeige dein Interesse an ihren Aktivitäten oder Erfolgen. Engagiere dich in Diskussionen, um den Austausch anzuregen. Diese öffentlichen Diskussionen kannst du dann auch in persönlichen Chat-Nachrichten fortführen und vertiefen.

4. **Fragen zu Updates und Projekten**
Frage nach den neuesten Entwicklungen in ihren Projekten, beruflichen Erfolgen oder Updates. Zeige Interesse an ihrem Werdegang. Da kommen deine im Vorfeld gemachten Notizen aus den Chatverläufen zum Einsatz, indem du auf diese Infos zurückgreifst. Sende persönliche Nachrichten zu besonderen Anlässen wie Beförderungen,

Firmenjubiläen oder anderen Meilensteinen, um die Verbindung zu stärken.

5. **Empfehlungen aussprechen oder erbitten**
   Bringe dein Netzwerk miteinander in Verbindung. Eventuell kannst du zwei Kontakte miteinander vernetzen, wenn du die jeweiligen Angebote und Herausforderungen kennst. Das stärkt die Beziehung und das berufliche Vertrauen.

6. **Einladung zu deinen (kostenlosen) Webinaren oder Veranstaltungen**
   Lade sie zu relevanten Webinaren, Veranstaltungen oder Online-Treffen ein, die du ausrichtest oder an denen du teilnimmst. Dies bietet eine Gelegenheit für gemeinsame Diskussionen.

7. **Klassischen Mehrwert anbieten**
   Wenn du ein neues Whitepaper oder ein anderes Freebie erstellt hast, oder eine Podcastfolge, ein Videointerview etc. von dir online gegangen ist, kannst du das auch deinen Kontakten zukommen lassen. Insbesondere dann, wenn es einen Themenbereich betrifft, über den ihr euch bereits ausgetauscht habt.

8. **Vereinbarter Follow-up**
   Wenn euer Chat mit einem konkreten Folgeanlass geendet hat („Lass uns doch in 6 Monaten noch mal sprechen"), kannst du in der erneuten Kontaktaufnahme direkt darauf Bezug nehmen.

Sicher findest du noch weitere, ganz individuelle Kontaktanlässe, die zu dir, deinem Angebot und deiner Zielgruppe passen. Wichtig ist, authentisch und regelmäßig zu interagieren, um die Beziehung weiter aufzubauen und zu pflegen. Zeige echtes Interesse an ihren Aktivitäten und teile relevante Informationen, um den Kontakt lebendig zu halten. Idealerweise hast du dir eine Liste möglicher Kontaktpunkte vorbereitet, so dass du nicht bei jedem Follow-up ein neues Whitepaper erstellen musst, um die Kontaktaufnahme mit etwas Sinnvollem zu verbinden.

Wie organisiere ich das Nachfassen? Das geht am Anfang noch in einer Excelliste oder auch einem Word-Dokument oder Notizen-Tool als Tabelle. Wenn du bereits ein CRM-System nutzt, kannst du diese angewärmten Kontakte, deine Leads, auch dort erfassen. Ab einer gewissen Menge Kontakte, die neu hinzukommen, empfiehlt sich auch der Sales Navigator, also die kostenpflichtige LinkedIn-Variante. Hier kannst du zum einen individuelle Notizen machen, die einen schnelleren Überblick über den Kontakt ermöglichen. Zudem kannst du das Nachfassen auch in Listen organisieren, indem du dir Monatslisten erstellst. Notiere dir idealerweise zu allen Kontakten auch gleich ein Datum, an dem du nachfassen willst. Wenn dir dein Gesprächspartner zum Beispiel im Gespräch mitgeteilt hatte, dass er noch 2 Monate in einem Projekt steckt, bis er sich dann deinem Thema widmen kann, wäre dein Wiedervorlage-Datum „heute + 2 Monate". In der Excelliste oder anderweitige Tabellen, die du für die Kontakte pflegst, kannst du dann immer nach dem jeweiligen Datum filtern, um die Kontakte rechtzeitig wieder anzusprechen.

4.8   Deine LinkedIn-Routine im Überblick

Lass uns abschließend noch einen Blick auf die Aktivitäten werfen, die du regelmäßig, am besten täglich, tun solltest. Einen Überblick findest du in Abb. 4.16 von oben nach unten in der Priorisierung zu lesen. Es ist wichtig, mit den Aktivitäten auch Kontinuität zu zeigen. Weder der Algorithmus noch deine Follower belohnen lange Abwesenheiten.

Step	täglich	wöchentlich	Bei Bedarf
Kommentiere und Like bei deiner Zielgruppe und den Thought Leadern aus deinem Bereich	Idealerweise direkt bevor du einen eigenen Post absetzt		
Posts veröffentlichen		2-3 x wöchentlich	
Interaktionen auf deinem Beitrag beantworten		Im zeitlichen Zusammenhang mit Post	
Chatnachrichten beantworten	X		
Neue Vernetzungsanfragen stellen	X		
Vernetzungsanfragen beantworten	X		
Begrüßungsnachrichten versenden	X		
Nachrichten an Interagierende auf deine Beiträge oder auf Kommentare bei anderen Usern		X	
Nachrichten an andere Leadquellen (Profilbesucher, Follower etc.)		X	
Nachrichten an „alte" Kontakte (Reanimationslisten) – weitere Kontaktanlässe nutzen			X
Profilpflege/-aktualisierung			

Abb. 4.16   Deine LinkedIn-Routine im Überblick

Damit uns also im Alltag nicht die Puste ausgeht, ist diese Priorisierung wichtig: Setze dir ein regelmäßiges Zeitfenster, in dem du die LinkedIn-Routine von oben nach unten durchgehst. Und danach darf LinkedIn auch wieder geschlossen werden! Denn das wäre das andere Extrem: Zu viel Energie und Aufwand in nicht zielführende Aktivitäten in LinkedIn zu stecken, ist schlicht und ergreifend Zeitverschwendung.

Es empfiehlt sich, für die Content-Erstellung extra Zeitblöcke zu reservieren, losgelöst von der täglichen LinkedIn-Routine, um nicht jedes Mal ad hoc kreativ werden zu müssen. Beiträge kannst du gut für 1–2 Wochen im Voraus produzieren. Dann brauchst du sie an deinen Veröffentlichungstagen nur noch publizieren (wenn du nicht die Vorausplanen-Funktion bemühst). Gleiches gilt für das Thema Content-Auswertung: Auch das würde täglich den Rahmen sprengen und auch nur schlaglichtartige Erkenntnisse liefern. Je nach Content-Intensität reicht das auch einmal in der Woche oder sogar nur einmal im Monat, wenn du seltener postest.

Auch meine Follow-up-Listen schaue ich mir nicht jeden Tag an, sondern habe ich einmal pro Woche als To-do in meiner LinkedIn-Routine.

Nicht zur täglichen oder wöchentlichen Routine, aber ebenso wichtig, ist das regelmäßige Aktualisieren deines Profils. Sind alle Angaben noch aktuell? Hat sich dein Angebot weiterentwickelt? Können Infos entfernt werden? Ist der Profilslogan noch aussagekräftig genug? Möchtest du neue Inhalte in den Fokus-Bereich einstellen? Gibt es neue Empfehlungen, die du ergänzen kannst? Aber auch: Gibt es neue LinkedIn-Funktionen, die du sinnvoll für dich nutzen kannst? So bleibt deine digitale Visitenkarte interessant für deine Follower und verkommt nicht zur Karteileiche bzw. ist irgendwann nicht mehr stimmig zu deinen Beiträgen. Sei dir jedoch bewusst, dass Änderungen in deinem Profil nicht sofort wirken. Du merkst nicht bereits nach 1–2 Wochen, ob dein (geändertes) Profil bei deinen Lesern auch ankommt. Bleibe deshalb stets eine Weile konsistent mit deinem Profil. Zu viele Änderungen verwirren den geneigten Leser. Es macht also gar keinen Sinn, jede Woche Profilslogan oder dein Bild zu ändern, weil bei dir der subjektive Eindruck entstanden ist, dass es nicht wirkt. Durch häufiges Verändern verwischt deine Positionierung in der Wahrnehmung des Betrachters. Behalte deine Inhalte deshalb über mehrere Wochen hinweg bei.

Nachwort: Deine Reise in die Sichtbarkeit als leiser Mensch

Du hältst gerade ein Buch in den Händen, das sich nicht nur mit Social Media beschäftigt, sondern auch mit der Kunst der Sichtbarkeit für introvertierte Selbstständige. Es ist eine Reise durch die Welt der digitalen Kommunikation, eine Reise, die dich als Introvertierten, als leisen Menschen, besonders ansprechen soll.

Warum ist Social Media das ideale Sprachrohr für Menschen wie dich und mich? Nun, es ist ein Ort, an dem wir unsere Stärken nutzen können, ohne direkt in den Vordergrund treten zu müssen. Hier zählt nicht die Lautstärke, sondern der Gehalt unserer Worte. In der Welt der lauten und marktschreierischen Posts können wir unsere Botschaften auf eine Art und Weise unseren Lesern mitteilen, die unserem introvertierten Wesen entspricht. Wir können uns Zeit nehmen, überlegen und in Ruhe gestalten.

Das Buch hat verschiedene wichtige Themen behandelt, angefangen bei der richtigen Positionierung. Hier lernen wir, wie wir uns authentisch präsentieren können, um die Menschen anzusprechen, die wirklich zu uns passen. Die Profilgestaltung ist wie die Visitenkarte im di-

© Der/die Herausgeber bzw. der/die Autor(en), exklusiv lizenziert an Springer Fachmedien Wiesbaden GmbH, ein Teil von Springer Nature 2024
T. Bernsau, *Social Media für Introvertierte*,
https://doi.org/10.1007/978-3-658-43483-0

gitalen Raum – sie soll unsere Persönlichkeit widerspiegeln und gleichzeitig neugierig machen.

Content-Marketing ist die Kunst, Geschichten zu erzählen und
Werte zu teilen. Wir haben erfahren, wie wir Inhalte kreieren, die nicht
nur informativ sind, sondern auch echten Mehrwert bieten. Die Interaktion mit unserer Zielgruppe ist der Schlüssel zur Beziehungspflege. Es
ging darum, wie wir auf Kommentare eingehen, Gespräche starten und
Communitys aufbauen, um das Netzwerk wirklich zu nutzen und zu
pflegen und nicht nur reine Kontaktsammler zu sein.

Doch Social Media ist mehr als nur das. Denn gerade als Selbstständiger nutzen wir die Plattform ja aus bestimmten Gründen: Wir
möchten unser Angebot publik machen und für Neukunden attraktiv
sein. Vor allem auf LinkedIn können wir warme Kontakte hegen und
pflegen, neue Kontakte knüpfen und langfristige Beziehungen aufbauen. Und das Wichtigste: Wir stellen den Menschen in den Mittelpunkt. Das ist der Kern einer nachhaltigen Beziehung, sei es online
oder offline. Introvertierte Menschen sind oft besonders empathisch
und können sich gut in andere hineinversetzen. Genau diese Fähigkeit
können wir nutzen, um echte und tiefe Beziehungen aufzubauen. Auch
– oder sogar gerade – auf einer virtuellen Plattform, wo wir unsere Stärken als leiser Mensch voll auskosten können.

Der letzte Baustein, um als leiser Mensch in Social Media erfolgreich
zu sein, sind deine Routinen. Routinen sind ein unschätzbares Werk-
zeug. Sie geben uns Sicherheit und Struktur. Wir wissen jederzeit, was
zu tun ist: Interaktion mit der Zielgruppe, Posts veröffentlichen, Auswerten und Verbessern, Chatnachrichten beantworten, neue Kontakte
suchen, Vernetzungsanfragen beantworten, Begrüßungsnachrichten
senden und die Kontaktpflege. All das sind wichtige Schritte, die wir
regelmäßig durchführen sollten, um eine kontinuierliche Präsenz und
Bindung aufzubauen. Auch das eine absolute Introstärke, uns an Strukturen und Routinen zu orientieren und sie als Wegbereiter und Unter-
stützer zu sehen und nicht als einengendes Korsett.

Abschließend möchte ich betonen, dass Social Media nicht nur
ein Mittel zum Zweck ist, sondern auch Freude bereiten kann. Ja, es
ist Marketing, aber es kann mit Leidenschaft und Freude ausgeführt

werden, wenn wir die Menschlichkeit in den Vordergrund stellen. Es geht darum, Beziehungen aufzubauen und zu pflegen, authentisch zu sein und anderen zu helfen. Wenn wir dies als Introvertierte verstehen und anwenden, wird die Hürde, sichtbar zu sein, nicht mehr so hoch sein. Gemeinsam können wir unsere Einzigartigkeit in die Welt tragen und dabei unsere introvertierte Natur feiern.

Glossar

Algorithmus: Ein Algorithmus ist eine festgelegte Abfolge von Anweisungen, die von Computern verwendet wird, um bestimmte Aufgaben zu erledigen, wie zum Beispiel die Sortierung von Inhalten in sozialen Medien basierend auf Nutzerinteraktionen.

Artikel: Ein Artikel in LinkedIn ist ein bestimmtes Content-Format für längere Texte, das einem Blogbeitrag ähnelt.

Beitrag: Ein Beitrag ist ein Inhalt, der in sozialen Medien geteilt wird, wie beispielsweise Texte, Bilder, Videos oder Links.

Call-to-Action: Ein Call-to-Action ist eine klare Aufforderung an die Nutzer, eine bestimmte Handlung auszuführen, wie beispielsweise einen Link anklicken, ein Formular ausfüllen oder ein Produkt kaufen.

Chat: Ein Chat ist eine Kommunikation zwischen Personen über digitale Plattformen, die Textnachrichten, Bilder, Videos oder Audiodateien verwenden kann – in LinkedIn auch Direktnachricht oder Direct Messaging genannt.

Clickbaiting: Clickbaiting bezieht sich auf reißerische oder irreführende Überschriften oder Vorschauen, die darauf abzielen, die Aufmerksamkeit der Nutzer zu erregen und sie zum Klicken auf den Inhalt zu verleiten.

Cold Call: Cold Call ist eine unerwartete, oft telefonische Kontaktaufnahme mit potenziellen Kunden, die zuvor keine Interaktion mit dem Unternehmen bzw. dem Anbieter hatten.

© Der/die Herausgeber bzw. der/die Autor(en), exklusiv lizenziert an Springer Fachmedien Wiesbaden GmbH, ein Teil von Springer Nature 2024
T. Bernsau, *Social Media für Introvertierte*,
https://doi.org/10.1007/978-3-658-43483-0

Cold Pitch: Cold Pitch ist eine unaufgeforderte Nachricht oder Anfrage an potenzielle Kunden oder Partner, um Interesse an einer Zusammenarbeit zu wecken. Kommt in LinkedIn in Chat-Nachrichten vor.

Content Creator: Nutzer, die in LinkedIn auch eigene Inhalte veröffentlichen

Contentmarketing: Contentmarketing bezieht sich auf die Erstellung und Verbreitung von relevantem, wertvollem Inhalt, um eine bestimmte Zielgruppe anzusprechen und zu binden.

Conversion: Conversion ist die Umwandlung eines Interessenten in einen zahlenden Kunden oder in eine andere gewünschte Handlung, wie das Ausfüllen eines Formulars oder das Abonnieren eines Newsletters.

Curated Content: Durch den Social-Media-User ausgewählte und zusammengestellte Inhalte aus verschiedenen Quellen zu einem bestimmten Thema (Fremdinhalte als eigene Posts)

Customer Journey: Die Customer Journey ist die Gesamtheit der Interaktionen, die ein Kunde mit einem Unternehmen hat, von der ersten Kontaktaufnahme bis zum Kauf und darüber hinaus.

Directmessage: Eine Direktnachricht ist eine private Nachricht, die zwischen Nutzern in sozialen Medien ausgetauscht wird.

Extraversion/Extroversion: Extraversion/Extroversion ist ein Persönlichkeitsmerkmal, das sich durch Offenheit gegenüber anderen, geselliges Verhalten und Energiegewinnung durch soziale Interaktion auszeichnet.

Feed: Ein Feed ist eine chronologische Anzeige von Inhalten in sozialen Medien, basierend auf den Aktivitäten der Nutzer und den von ihnen abonnierten Inhalten.

Follower: Follower sind Nutzer, die einem bestimmten Profil oder Konto in sozialen Medien folgen, um die dort geteilten Inhalte zu sehen.

Follow-up: Ein Follow-up ist eine nachfolgende Kommunikation oder Interaktion nach einer vorherigen Kontaktaufnahme oder einem vorherigen Ereignis.

Hook: Ein Hook in einem Beitrag ist eine wohlüberlegte Überschrift, die darauf abzielt, die Aufmerksamkeit der Zielgruppe zu gewinnen.

Inbound Marketing: Inbound Marketing bezieht sich auf eine Marketingstrategie, bei der relevanter und hilfreicher Inhalt erstellt wird, um potenzielle Kunden anzuziehen und zu engagieren.

Interaktion: Interaktion bezeichnet jede Form von Kommunikation oder Engagement zwischen Nutzern in sozialen Medien, einschließlich Likes, Kommentaren, Teilen usw.

Interaktionsrate: Die Interaktionsrate ist das Verhältnis zwischen den Interaktionen (z. B. Likes, Kommentare) auf einen Beitrag und der Gesamtzahl der Personen, die den Beitrag gesehen haben.

Introversion: Introversion ist ein Persönlichkeitsmerkmal, das durch Zurückhaltung, Ruhe und Energiegewinnung aus dem Alleinsein gekennzeichnet ist.

Kaltakquise: Kaltakquise bezieht sich auf den Erstkontakt mit potenziellen Kunden oder Partnern, die zuvor keine Beziehung zum Unternehmen hatten.

Kommentar: Ein Kommentar ist eine geschriebene Reaktion zu einem Beitrag in sozialen Medien.

Like: Ein Like ist eine Form der Zustimmung oder Bestätigung, die Nutzer einem Beitrag in sozialen Medien geben.

Paid Content: Social-Media-Beiträge, für die ein finanzieller Betrag gezahlt wird, um die Sichtbarkeit zu erhöhen oder einem bestimmten Publikum präsentiert zu werden (Anzeigenschaltung, gesponsorte Beiträge).

Personal Brand: Die persönliche Marke (Personal Brand) bezieht sich auf das Image und den Ruf einer Einzelperson, insbesondere in Bezug auf ihre Fähigkeiten, Erfahrungen und Persönlichkeit.

Personal Branding: Personal Branding ist der Prozess, durch den eine Person ihre einzigartigen Qualitäten und Eigenschaften zur Schaffung einer starken persönlichen Marke nutzt.

Personenprofil: Ein Personenprofil ist eine Darstellung einer Einzelperson in sozialen Medien, die Informationen über ihre Interessen, Aktivitäten und Verbindungen enthält (im Gegensatz zum Unternehmensprofil).

Positionierung: Positionierung bezieht sich auf die bewusste Platzierung eines Produkts, einer Dienstleistung oder einer Marke im Verstand der Zielgruppe im Vergleich zu Mitbewerbern. Eine Positionierung ist die klare Unterscheidung einer Marke von anderen in den Augen der Zielgruppe.

Post: Ein Post ist ein einzelner Beitrag oder eine Veröffentlichung in sozialen Medien.

Profilbesucher: Profilbesucher sind Nutzer, die das Profil einer Person oder eines Unternehmens in sozialen Medien aufgerufen haben.

Reichweite: Die Reichweite bezeichnet die Anzahl der Personen, die einen bestimmten Beitrag oder Inhalt in sozialen Medien gesehen haben.

Scamming: Scamming bezieht sich auf betrügerische Handlungen, bei denen (oft weibliche) Nutzer getäuscht oder betrogen werden, um persönliche Informationen oder Geld zu erhalten.

Social Selling Index: Der Social Selling Index ist eine Messgröße, die die Effektivität und Präsenz einer Person im Social Selling auf Plattformen wie LinkedIn bewertet.

Social Selling: Social Selling bezieht sich auf den Prozess des Nutzens von sozialen Medien, um Beziehungen zu potenziellen Kunden aufzubauen und letztendlich Verkäufe zu generieren.

Unternehmensprofil: Ein Unternehmensprofil ist eine Darstellung eines Unternehmens in sozialen Medien, die Informationen über seine Tätigkeiten, Angebote und Kontaktdaten enthält (im Gegensatz zum Personenprofil).

Upselling: Upselling bezieht sich auf den Prozess, einem Kunden ein teureres Produkt oder eine zusätzliche Dienstleistung anzubieten, um den Verkaufswert zu erhöhen.

Literatur

Aron, E. (2005). *Sind Sie hochsensibel? Wie Sie Ihre Empfindsamkeit erkennen, verstehen und nutzen.* Mvg.

Cain, S. (2013). *Still: Die Kraft der Introvertierten.* Goldmann.

Dembling, S. (2022). *Die Macht der Stille. Wie introvertierte und hochsensible Menschen ihre Besonderheit erkennen, erstehen und nutzen können.* Mvg.

Herzberger, T. (2021). *Branding mit LinkedIn. Wie du für dich und dein Unternehmen eine erfolgreiche Marke aufbaust.* Rheinwerk Computing.

Jonkman, L. (2021). *Introvertiert. Die leise Revolution.* Bad project.

Jung, C.G. (1921). *Psychologische Typen.* Dtv.

Jung, C. G. (2022). *Archetypen. Urbilder und Wirkkräfte des kollektiven Unbewussten.* Patmos.

Löhken, S. (2016). *30 Minuten Intro, Extro oder Zentro?* GABAL.

Löhken, S. (2017). *Leise Menschen – gutes Leben. Das Entwicklungsbuch für introvertierte Persönlichkeiten.* GABAL.

Müller, M. E. (2022). *Social Storytelling. Wie Storytelling heute in Social Media funktioniert.* Rheinwerk Computing.

Noa, L. (2021). *Leidenschaftlich introvertiert. Inspirationen für Introvertierte und alle, die es werden wollen.* Team introvertiert.

Pollard, M. (2022). *Der Pfad der Introvertierten zum Netzwerken.* Colditz.

Pollard, M. (2023). *Der Pfad der Introvertierten zum Verkaufen.* Colditz.

Saum-Aldehoff, T. (2015). *Big Five. Sich selbst und andere erkennen.* Patmos.

© Der/die Herausgeber bzw. der/die Autor(en), exklusiv lizenziert an Springer Fachmedien Wiesbaden GmbH, ein Teil von Springer Nature 2024
T. Bernsau, *Social Media für Introvertierte*,
https://doi.org/10.1007/978-3-658-43483-0

Schiffer, C. (2022). *Wie aus Klicks Kunden werden: Die richtige Zielgruppe finden, definieren und erfolgreich ansprechen.* Redline.

Von Moos, J. (2022). *Die Lead (R)evolution – LinkedIn erfolgreich nutzen: Marketing, Kunden.* Selbstverlag.

TED-Talks (Februar 2012). *Susan Cain: Die Macht der Introvertierten,* TED-Talk. https://www.ted.com/talks/susan_cain_the_power_of_introverts. Zugegriffen: 23. Sept. 2023.

Zeuner, P. (2022). *Verkaufen auf LinkedIn – Ohne Kaltakquise neue Leads generieren!* Selbstverlag.

GPSR Compliance

The European Union's (EU) General Product Safety Regulation (GPSR) is a set of rules that requires consumer products to be safe and our obligations to ensure this.

If you have any concerns about our products, you can contact us on ProductSafety@springernature.com

In case Publisher is established outside the EU, the EU authorized representative is:

Springer Nature Customer Service Center GmbH
Europaplatz 3
69115 Heidelberg, Germany

The manufacturer's authorised representative in the EU is Springer
Nature Customer Service Centre GmbH, Europaplatz 3, 69115 Heidelberg,
Germany. If you have any concerns regarding our products, please
contact ProductSafety@springernature.com

Printed and bound by CPI Group (UK) Ltd, Croydon, CR0 4YY
24/04/2026
02096358-0007